FRAGMENS

DE POLITIQUE

ET

D'HISTOIRE.

T. III.

FRAGMENS
DE POLITIQUE
ET
D'HISTOIRE.

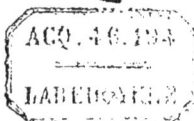

> Les principes rejètent cette stupide expérience, qui ne ramè-
> neroit que les mêmes erreurs, les mêmes calamités. Combien
> le législateur, ami de la vérité, indépendante des faits, doit-il
> se sentir pressé de rendre à la raison toute sa force, et de
> sortir de l'effroyable expérience des siècles !

Par M. MERCIER.

TOME TROISIÈME.

A PARIS,

Chez BUISSON, Libraire, rue Hautefeuille.
A LYON, chez *Bruyset* frères, rue S. Dominique.

1792.

FRAGMENS

DE POLITIQUE

FRAGMENS
DE POLITIQUE
ET D'HISTOIRE.

N°. PREMIER.

DE LA GÉOGRAPHIE

Considérée sous le rapport politique.

Pour celui qui admet dans l'univers un plan initial, qui rejette les mots de fatalité et de hasard, qui promène un œil observateur sur les empires, soit anciens soit modernes, il existe un ordre de démarcation sur la surface de notre globe, et l'observateur ne tarde pas à découvrir le doigt qui a posé par-tout et des remparts et des limites ; il voit les peuples s'agitant jusqu'à ce qu'enfermés dans le cercle géographique que la nature a tracé, ils

Tome III.   A

y trouvent le repos qui les fuit dès qu'ils
le franchissent ou qu'ils ne le remplissent
pas tout entier.

Lorsque, dans les hauteurs de la métaphysique, nous sentons quelque chose qui
résiste, qui nous repousse assidûment,
qui nous renverse malgré nos efforts, c'est
la marque décisive que nous sortons de
nos limites, et que nous voulons, si je
puis m'exprimer ainsi, contenir au-delà
de notre capacité naturelle; c'est un avis
secret qui nous rappelle à notre impuissance, et qui corrige une foiblesse pré-
somptueuse : mais dans l'ordre physique,
dès qu'un principe évident brille à la
raison au commencement de ses recherches, c'est le signe certain qu'il y a dans
l'esprit un fonds de ressource pour aller
de ce principe à l'infaillible conséquence.
Soyons d'abord physiciens : j'ai cru appercevoir sur le globe une intention marquée
de la nature, tant pour séparer les états
sans les trop éloigner, que pour dessiner
géométriquement la forme des empires,
et domicilier pour ainsi dire les royaumes;
j'ai cru entrevoir que le globe étoit con-
figuré de sorte que la navigation seroit

un jour le nœud qui associeroit le genre humain. Ces idées plairont sans doute à ceux qui, frappés de l'immensité harmonique, pensent que le gouvernement de l'univers préside majestueusement et nécessairement à tous les autres. Il ne faut que des yeux peut-être pour saisir ces neuves vérités ; un coup-d'œil attentif, jetté sur les cartes géographiques, détermine en quelque sorte l'étendue positive des États, car déja les montagnes, les rivières, les fleuves, sont des bornes et des gardiens incontestables que la bonne nature a placés pour la tranquillité et la conservation des agrégations humaines.

Mais si l'ordre de la nature a séparé matériellement les empires, elle a voulu d'un autre côté qu'ils se prêtassent respectivement leurs lumières ; son but à cet égard n'est point caché. Quand je tiens un morceau d'aimant, et que je songe que cette pierre, qui ne paroît avoir rien de remarquable, nous enseigne constamment le chemin du nord et rend possible et aisée la navigation sur les mers les plus inconnues, j'ai en main une preuve convaincante de l'intention de la nature pour la vie sociale des hommes. Toutes ces dispositions semblent donc prouver que ses vues ne tendent qu'à les réunir et leur faire partager en commun les biens qu'elle a disséminés sur la surface de la terre ; et lorsque les grandes crises physiques ordonnent, pour la conservation du tout, le déchirement d'une petite portion du globe, vous voyez soudain naître les mers sur les isles englouties. Jamais un gouffre, jamais une lacune considérable n'ont invinciblement séparé les différentes parties du globe ; au contraire, la molle ceinture des eaux invite et offre par-tout des chemins plus dangereux que difficiles, mais que le courage et le génie de l'homme ont su dompter. Le célèbre navigateur anglois qui nous a fait connoître les isles peuplées de la mer du Sud, parti des ports de la Tamise, repassa sous les ponts de Londres, après avoir mis entre eux et lui le diamètre de la terre. Enfin lorsqu'on a découvert de nos jours des rapports immuables entre les étoiles, les montagnes et la mer ; lorsqu'il est reconnu, par une expérience constante, que des vents qui soufflent constamment pen-

dant une certaine saison de l'année,
transportent nos vaisseaux jusqu'aux Indes, et que des vents contraires, régnant
pendant une autre saison, les ramènent
dans nos ports, il est impossible de ne
pas reconnoître des guides admirables,
faits pour rapprocher et unir les peuples
les plus séparés. Or, puisque l'homme a
su jetter un vaisseau, un pont sur l'Océan,
puisque cette frêle machine n'en commande pas moins aux élémens courroucés,
c'est que l'intention primitive de la nature a été que les hommes de tous les
climats ne vécussent point étrangers les
uns aux autres. Le côté du sud a sans
doute son aimant comme le nord, quoique l'expérience ne nous l'ait pas encore
appris. Un sombre nuage nous cache les
nations qui habitent les extrémités de
l'Amérique du côté du nord, mais une
légère convulsion du globe peut créer
tout à coup une mer qui portera nos
vaisseaux chez ces peuples nouveaux ;
de même, quoique l'intérieur de l'Afrique
nous soit à peu près aussi inconnu que le
centre de la terre, il ne faut qu'une circonstance heureuse pour nous en ouvrir

A 3

la route : les vues générales de la nature s'accompliront tôt ou tard.

Par la même raison qu'elle donne une pente douce aux montagnes, pour en laisser l'accès libre et faciliter l'entrée des vallons, elle a prodigué en tout sens les fleuves et les mers; tout annonce une circulation comparable à celle du corps humain : elle veut donc que tous les peuples de la terre saisissent tous les rapports d'union ou de réunion, mais aussi sans mélange brusque, sans envahissement; ainsi, en étendant, en liant nos connoissances, nous verrons qu'elles tendent toutes à la perfectibilité de l'espèce humaine, et sous ce point de vue l'art est nature.

Au premier coup - d'œil, l'Europe, l'Asie, l'Afrique ne forment qu'un même continent : il est indécis si l'Amérique n'a point vers le pôle une communication avec les autres parties de la terre : or, ces continens, que la nature a réunis, ont un droit naturel de se procurer, par la navigation, une communication aisée d'une contrée à l'autre.

Si le Japon forme pour ainsi dire un État solitaire, on peut répondre que pour

peu que la Corée ou les pays voisins deviennent un jour des États commerçans,
les ports du Japon, devenant alors nécessaires à ces États pour faciliter la navigation, s'ouvriront, et cet empire se trouvera forcé d'entrer dans le plan général
des uns ou des autres.

Que l'économie politique consulte,
avant tout, la carte géographique d'un
pays ; elle appercevra que les résultats
heureux dépendent des objets physiques,
c'est-à-dire des ressources et des avantages naturels d'un État : le passage du
Sund donne seul l'existence à un royaume,
au Danemarck ; les ducs de Savoie jouent
un rôle important dans les guerres d'Italie, moins à raison de leurs forces que
parce qu'ils tiennent un rocher qui les
met en état d'en ouvrir ou d'en disputer
l'entrée

Il y a visiblement un accord nécessaire
des loix politiques avec l'empire du local ;
il est faux que les mêmes intérêts puissent
également convenir à tous les peuples.
La situation géographique fait une loi
positive qui ne sauroit être méconnue.
Les théories sont absurdes quand elles

veulent ordonner dans un État ce qui est praticable dans un autre.

Les circonstances locales courbent tout; les hommes ont beau faire des loix, les règles les plus admirables ne peuvent jamais être séparées de leur application. Quand le génie de Frédéric sera totalement éteint en Prusse, il n'y aura plus là de royaume, mais des marquisats ; tandis que les montagnes de la Suisse verront constamment autour d'elles les mêmes formes de gouvernement.

Quelle différence n'apporte pas au régime des États le rocher ou la plaine, le regard du midi ou le vent du nord, le port creusé ou le promontoire, l'ancrage facile ou la rade hérissée de roches ? il en résulte une variété infinie dans les institutions politiques, d'après ce qui touche, embrasse, ou ce qui avoisine un royaume.

Si l'objet géographique n'a pas été sérieusement examiné, si l'hydrographie est méconnue, tout reposera sur des fondemens ruineux, car la nature a voulu que le moral des États fût intimément lié au physique dans toutes les grandes so-

ciétés, et les cartes sont le plus pur flambeau pour l'homme d'État; ce flambeau
jette un jour bien moins douteux que les
spéculations oiseuses des cabinets, si anciennement trompés par des termes insi-
gnifians.

On tombe dans l'admiration quand on
voit ce que l'impératrice des Russies pouvoit préparer de grandeur à ses provinces
en mariant les fleuves de son empire :
jamais le génie n'avoit porté, sur la carte
géographique d'un État, un coup d'œil
plus majestueux, ni plus grand ; ce plan
admirable, et si digne d'être heureusement exécuté, fut abandonné lors de la
guerre contre les Turcs. Ce plan offroit
à l'industrie de plusieurs peuples tous
les développemens indiqués ou formés
par la nature. Catherine eût imité Alexandre si, pour son repos personnel, elle
n'eût préféré de jeter loin d'elle les forces
militaires qu'elle redoutoit près de son
trône.

Si l'on en juge encore aujourd'hui par
la position d'Alexandrie, son fondateur
avoit le génie au-dessus de sa fortune ;
l'une a passé comme l'éclair, et n'a pas

survécu au vainqueur des Perses, mais l'autre égalera la durée des siècles.

Voyez la position de Tyr, de Carthage, de Venise, de Gènes, d'Amsterdam, de Londres, vous reconnoîtrez que la nature a fait de ces points différens le centre d'un très-grand commerce; changez le local, les ressources, les moyens de force et de prospérité ne seront plus les mêmes. Venise étoit autrefois l'entrepôt du trafic universel, et comme le lien des trois parties du monde alors connu; un passage aux Indes fait disparoître cette grandeur, objet de la jalousie de trente souverains.

Quand un empire est vaste et ramassé, il devient capable de s'enrichir promptement et de se garder pour ainsi dire de soi - même. Le souverain de plusieurs États dispersés, comme le monarque prussien, a beau commander et donner des loix à ces provinces riches, mais éparses, il n'aura jamais la force de celui qui règne sur des provinces attenantes et liées à un centre. La France jouit éminemment de cet avantage, par lequel les différentes parties qui la composent, formant conti-

guité , se prêtent secours , appui , jouissances , lumières et défense. Ce royaume
doit sa domination naturelle à ses régions unies, enclavées entre trois grandes
mers et plusieurs chaînes de montagnes
escarpées ; les fleuves et les montagnes
de ce beau pays ont donné depuis peu
leurs noms aux divers départemens , et ce
fut une idée très-heureuse d'avoir apperçu
que la nature , en faisant les royaumes ,
avoit encore tracé les divisions , en leur
donnant des limites distinctes , maté-
rielles.

Qui ne voit que la France , l'Espagne
si le Portugal lui étoit réuni, l'Angleterre,
l'Irlande, la Suisse, la Sardaigne , la Sicile , sont posées pour ainsi dire sur les
fondemens du globe? Quand vous avez vu
(lorsque le reste de l'Europe étoit esclave)
la liberté s'agiter dans les isles britanniques,
c'est que les isles sont principalement faites
pour le trône de la liberté. Si les Hongrois
s'agitent plus que tout autre peuple, c'est
que ce peuple occupe un terrain favorable,
où il peut tout créer et se suffire à lui-
même. Voyez la Pologne ouverte de tous
côtés ; elle a eu sans cesse besoin pour sa

défense de toute sa valeur : tous ses enfans sont obligés d'être perpétuellement
en armes, et devant ces trop nombreux
soldats les paysans y languissent dans
l'abjection, l'indigence et l'esclavage ; le
pays totalement ouvert en est la première
cause. Les malheurs trop connus de cette
république tiennent moins aux vices de
sa constitution qu'à sa situation géographique, qui la laisse en proie de toutes
parts aux invasions des troupes étrangères ; delà les révolutions affligeantes ,
et non encore terminées , qui fatiguent
cette malheureuse contrée.

Si nous considérons l'Italie, elle ne demande, comme autrefois, qu'un seul point
central , et dès que le simulacre papal
tombera avec la plus incroyable de toutes
les superstitions , elle sera revivifiée par
ce seul et probable événement. La Russie
annonce visiblement qu'elle sera bientôt
coupée en deux , parce que la capitale de
cet empire étant mal située, c'est un géant
à tête luxurieuse , mais qui a peine à se
tenir debout. L'on voit, par comparaison ,
que la nature a été prodigue envers la
France ; c'est son royaume de prédilec-

tion : il est parfaitement dessiné, voilà ce qui a fait et ce qui fera sa force invincible ; car nous n'avons plus qu'à courir jusqu'au Rhin et réunir la Savoie , et il sera difficile de trouver sur la carte du globe un empire mieux assis, d'une figure plus noble et plus imposante.

Le grand - seigneur lui - même a beau posséder, tant en Europe qu'en Asie et en Afrique, des contrées immenses, le double despotisme du cimeterre et de l'alcoran , les victoires des Selim et des Mahomet , n'ont pu jusqu'ici faire un tout de l'empire ottoman, parce que la nature s'y opposoit, ayant trop morcelé ces spacieux et superbes lambeaux. Or , si un bras de mer traversoit tout-à-coup le corps germanique , au lieu d'être divisé en tant de souverainetés particulières, qui se heurtent, il n'y en auroit plus que deux sans doute , et chacune d'elles seroit incomparablement plus forte que l'ensemble qui existe aujourd'hui. Qui a fait la force des Provinces-unies, de ces sept petites provinces que la monarchie espagnole sembloit devoir engloutir? Qui a créé cette république, si foible dans son origine, et la plus pauvre de toutes celles

de l'Europe, mais devenue la plus riche
du monde ? c'est la mer : c'est la mer qui
a multiplié ses bras comme pour la protéger et l'enrichir; c'est le hareng qu'elle a
fait sortir des abîmes de l'Océan, qui a
jetté les fondemens de son commerce et
de son opulence, qui a commencé à faire
connoître et respecter son nom sur toutes
les mers. Le hareng lui a donné en Afrique
le cap de Bonne-Espérance, et lui a ouvert
en Asie les produits inestimables de sa
compagnie des Indes orientales.

Je ne fais donc point d'hypothèse; mais
ne seroit-il pas du moins curieux d'établir
spéculativement les dimensions de tous
les États modernes, de couper les empires
monstrueux et de les mesurer d'après de
sages proportions, de donner de la con-
sistance à ceux qui sont trop petits, d'en-
claver entre de grandes puissances de
petits États qui serviroient de barrières ou
de coins et qui s'opposeroient aux trop
grands chocs, de partager le bienfait des
mers sans boucler les fleuves ? En mesu-
rant les états quelconques d'après les latitudes, on verroit naître un nouvel ordre,
et les desseins augustes de la providence

se manifesteroient encore dans la situation de ces grandes masses dont l'action violente sembloit être livrée au hasard ; mais ce mot honteux ne doit plus figurer dans nos livres. L'ordre est par-tout, quoique caché, et s'il échappe à notre vue dans les grands objets, il n'en existe pas moins ; c'est au géographe à venir nous donner la première leçon dans ces importantes matières. On peut appercevoir déja les linéamens de ce grand système dans la position actuelle des empires, et la guerre amène souvent avec violence ce que la raison auroit fait paisiblement. Il n'y a donc rien de plus absurde que les chimères ambitieuses de ces grands États qui veulent heurter ou dévorer d'autres grands États. Voyons dans l'antiquité : le Tigre et l'Euphrate ont toujours défendu avec succès les contrées qu'ils arrosent contre l'ambition des conquérans, l'Arabie a repoussé toutes les attaques, et l'Egypte devenue province, a su conserver encore la majesté d'un royaume.

A l'apparition des Romains la plupart des empires étoient sur leur assiette naturelle, quand leur ambition vint tout ébranler. L'univers, encore neuf à cette époque,

ne présentoit de royaumes puissans qu'en
Asie, vrai berceau des premiers hommes;
l'Afrique, et sur-tout l'Occident, peuplé
bien plus nouvellement, n'étoit occupé
que par une multitude de petites républiques, ou de petites nations rivales, jalou-
ses les unes des autres.

Cependant elles avoient pu lutter longues années contre les Romains, foibles
encore et hors d'état de soutenir des
guerres dispendieuses et d'une certaine
durée. Aussi fallut-il à ces Romains des
siècles pour parvenir à assujettir l'Italie:
mais dès qu'ils furent devenus les maîtres
de cette superbe contrée, la Sicile, les
Espagnes furent conquises, l'empire des
Carthaginois ébranlé, la Macédoine, la
Grèce envahies, l'Afrique et l'Asie dévo-
rées par eux.

Certes, on auroit vu alors tout l'univers passer sous le joug des Romains si
la nature, la sage, la prévoyante nature
n'eût préparé des retraites profondes à la
liberté du genre humain; mais elle y
avoit pourvu si bien que ces conquérans
reculèrent malgré leur énorme puissance,
et que tel état fut sauvé par sa seule con-
figuration.

figuration. La monarchie universelle étoit, même dans ces temps-là, une chimérique prétention : tous ces conquérans ont ravagé, mais ils n'ont rien conservé.

Si les Romains eussent consulté la géographie politique, ils n'auroient pas réduit en provinces les grands royaumes qu'ils conquéroient ; Rome eût pu, contente d'une certaine grandeur, se fixer certaines bornes en dedans desquelles tout eût été romain. Rien de plus conforme à la nature qu'un tel arrondissement, et l'Assemblée constituante a bien senti de nos jours qu'il falloit circonscrire la France pour doubler sa force.

On peut regarder les vastes conquêtes de l'empire romain comme une des causes de sa décadence ; les Romains tenoient un des moyens les plus efficaces d'en assurer la conservation, c'étoit de former de petits États, indépendans les uns des autres, sous différentes formes de gouvernemens.

Il leur eût été facile de conserver sur ces États une supériorité qui les maintînt toujours dans une certaine dépendance de l'empire. Les peuples qui auroient com-

Tome III. B

posé ces États eussent été plus heureux,
et Rome même auroit par-là mieux conservé sa puissance ; les barbares , obligés
d'attaquer séparément chacun de ces petits
États , eussent trouvé infiniment plus de
résistance qu'en attaquant en plusieurs
endroits à la fois ce colosse immense ,
dont la grandeur étoit telle qu'il suffit à
former l'empire d'Orient et d'Occident.

Un petit État a son principe de vie particulier ; il résiste quelquefois heureusement aux plus violentes attaques , et se
maintient contre des forces qui paroissoient devoir l'anéantir. Rome , protégée
par des États particuliers , eût sans doute
repoussé l'ennemi , et un vainqueur des
provinces éloignées n'auroit jamais osé
attaquer la capitale du monde.

Alexandre est le plus fameux de tous
les conquérans , mais dans sa marche rapide il donna, à son insu, une secousse
utile à l'univers : il renversa l'empire des
Perses , qui avoient osé franchir les barrières que l'Euphrate et le Tigre oppo-
soient entre eux et les peuples de la haute
Asie ; alors dans cette vaste partie du
globe tout rentra dans l'ordre.

Le Parthe, renfermé désormais dans ses limites naturelles, résista avec gloire à ces légions romaines, qui paroissoient porter leurs armes victorieuses sur toutes les frontières les plus reculées, et il est repoussé lui-même par elles, lorsqu'il veut les franchir.

D'un autre côté, l'Égypte, protégée et enrichie par la mer rouge, par le Nil et la Méditerranée, défendue par des sables qui combattent pour elle et qui engloutissent des armées entières, l'Égypte reprend sa place parmi les royaumes sous ses Ptolomées, et depuis elle conserve une dignité imposante jusques sous les fers du despotisme.

L'Arabie, voisine de la fertile Égypte, retranchée derrière la mer rouge, l'Océan, le golphe persique, ses déserts et ses rochers, l'Arabie triomphe des efforts de tous les conquérans qui ont tenté de s'en rendre les maîtres.

Enfin, l'on peut dire que si la liberté de l'homme, chère à l'Être suprême, s'est préparé des retraites, d'après le plan de la nature, dans les vastes forêts de la Germanie et au milieu des glaces du

B 2

Nord, elle paroît avoir établi son éternel empire dans l'Arabie.

C'est que l'Arabe, par ses déserts et par sa manière de vivre, qui n'a jamais varié, et qui paroît être en lui une espèce d'instinct, semble être né l'enfant éternel de l'indépendance. Comment, en effet, imposer le joug à un être vagabond, qui, dans ses immenses plaines, change continuellement de place ; qui sait supporter la fatigue et la faim, et pour lequel la vie sédentaire est un supplice ? le globe seroit couvert d'esclaves, que le type de la liberté se maintiendroit chez ces hommes qui se sont identifiés avec la plus noble créature qui existe après eux.

Je le répète, je ne doute point qu'en perfectionnant la géographie politique, les peuples ne découvrent tôt ou tard que la nature a tracé visiblement de son doigt les murailles des empires, et qu'il est contre l'ordre éternel des choses qu'un royaume s'alonge en provinces séparées et sans communication entr'elles : c'est en suivant cette simple et féconde spéculation que nous parviendrons probablement à connoître les grands desseins de

l'auteur de la nature , qui , ayant tout ordonné avec une sagesse profonde , n'a
point abandonné sans doute la forme physique des états au choc ambitieux de quelques têtes égarées ; ce qui le prouve , c'est
que les empires dont la dimension étoit
ridicule ont péri , les masses régulières
ont subsisté.

Le géographe deviendroit donc un politique du premier ordre si , sachant
apprécier la valeur des fleuves , des montagnes , des côtes maritimes , il traçoit
pour ainsi dire les félicités et les jouissances partielles de tel peuple , en lui
démontrant qu'il ne peut ni se resserrer ,
ni s'agrandir sans un danger imminent ,
ou sans une perte réelle ; s'il disoit à tel
peuple : *Voici l'Océan qui nous borne ;
voici le continent qui vous dit de courir
jusqu'à telle montagne ; voici le fleuve
qui vous sépare ;* l'embouchure de ce
fleuve ne sauroit être bouclée *par de
vains* traités, tandis que les *marchandises
de deux peuples se promènent sur la longueur de ses eaux :* les loix souveraines
de la nature sont bien avant la diplomatie,
elles sont empreintes sur le globe ; quand

elles sont violées ces loix, il est une réaction qui s'agite pendant des siècles, jusqu'à ce que les États qui s'avoisinent se soient dessinés dans la forme que leur a prescrit la nature; et Rousseau a dit même aux Polonois : *ne craignez point d'être conquis, si l'on ne peut vous digérer.*

Après tant d'inutiles traités il en faudra revenir à ces loix éternelles, parce que, dans l'ordre naturel et réel des choses, le droit de nature est le premier; quand le droit politique marchera appuyé de ces belles formes physiques que la nature étale à l'œil de celui qui médite, il ne s'égarera point : le succès en paroît démontré, puisque, malgré l'extravagance des traités de famille et de partage, la coalition des têtes couronnées et la violence de leur despotisme, la masse physique du globe a commandé à l'agitation de ces souverains, et que ceux-ci, en voulant effacer quelques traits du burin éternel de la nature, n'ont montré que le néant et le vuide de la foiblesse orgueilleuse.

Nº. 2.

DES LUMIÈRES PUBLIQUES.

C'EST le peuple qui fait le gouvernement , parce que c'est l'opinion générale
qui règle par-tout l'administration : elle
ne heurte jamais impunément la voix
publique ; la voix publique réagit et oppose un obstacle insurmontable à la fière
volonté du souverain.

Il faut se moquer de ces peuples qui
veulent que l'administration soit grande
et éclairée ; et qui portent la plus grande
légèreté , ou plutôt une insouciance absolue, dans les plus grandes affaires publiques.

Le ministre le plus altier sort toujours
de la classe des citoyens, et il ne peut
porter dans le conseil national que le
degré de développement où l'esprit de
la nation est parvenu , à moins qu'on ne
lui suppose un génie extraordinaire , ce
qui est extrêmement rare ; il n'aura d'autres idées que celles qui ont circulé
autour de lui.

B 4

Le ministre sera inappliqué et volage si la nation est volage et inappliquée , il sera vuide de génie et d'instruction si chacun abandonne au hasard les matières politiques. Que feroit-il d'un génie fort au-dessus de son siècle si la nation étoit inhabile à profiter de toute la supériorité de ses lumières ? il ne seroit pas entendu, et son génie politique, isolé pour ainsi dire , ne rencontreroit pas l'exécution à côté de la théorie. Mais que ce même ministre , législateur où administrateur, placé enfin (n'importe de quelle manière) dans la partie qui gouverne , voye son système , jusqu'alors incertain à ses propres yeux , confirmé par l'opinion publique, il sera plus hardi, il s'avancera avec le cortége des hommes qui pensent. Ceux qui sont en état de réfléchir l'ont approuvé; la foiblesse de l'administrateur disparoît: il devient fort dans ses opérations intellectuelles , parce qu'un très-grand nombre d'hommes ont adopté d'avance ses idées ; ainsi toute nation très-éclairée est toujours bien gouvernée. De même qu'un grand nombre d'hommes soulèvent les fardeaux les plus pesans et élèvent des

obélisques, ainsi l'avis de tous, la surveil-
lance de tous , rencontre et frappe en
pratique les vérités majeures de l'économie politique : car , dès que les matières
qui intéressent l'administration seront dé-
battues publiquement , elles seront toutes
éclaircies en peu de temps ; les questions
les plus embrouillées deviendront des
axiomes clairs , que l'impéritie des uns et
l'infidélité des autres ne pourront plus
obscurcir.

Quand les peuples se plaignent de l'administration , souvent ils s'accusent eux-
mêmes ; ils avouent qu'ils n'ont pas donné
aux affaires publiques l'attention qu'elles
méritent , et le ministre est peut-être fondé
dans la suite à produire cette grande absurdité , *qu'il n'est permis qu'au ministère d'examiner ce qui intéresse l'ordre
général* : le peuple ayant cessé de réfléchir , il faut bien que le ministre , fût-il
inepte , réfléchisse pour lui.

Quand le souverain ou son conseil n'est
pas instruit , il faut que la nation supplée
aux idées étroites du ministère ; c'est ce
qui arrive dans les États où quelques lumières politiques sont répandues : là les

idées fausses des ministres sont rectifiées ;
un cri général s'élève , et l'on voit les
effets heureux d'une éducation bien dirigée sur tous les citoyens. Plus de crainte
lâche et servile : on rend justice à l'homme d'état , on flétrit le brouillon , et s'il
n'est point , comme dit un ancien , de cité
pour des esclaves , il y a toujours un gouvernement pour des hommes éclairés.

‹ Tout chef de la société dépend de la
société , et lui doit compte , même dans
les gouvernemens les plus imparfaits. Les
bons citoyens sont les vrais réformateurs
de l'État ; ils attendent le compte d'un
homme en place , parce que les hommes
étant des êtres raisonnables , ils sont
faits pour connoître leurs intérêts. Ils
permettent bien qu'on les trompe un peu ,
parce qu'ils savent que les administrateurs
sont environnés de légions mercenaires ;
mais, après avoir abandonné ces fractions,
ils découvrent le vrai , ce qui est fait pour
subsister éternellement , et ce qui est plus
étonnant encore , ils prononcent comme
fera la postérité.

Si les loix étoient précises, claires et
simples ; que toute la force de la raison

publique se manifestât pour ainsi dire dans un style énergique, la sagesse de la loi seroit entendue ; et pourquoi l'éloquence ne s'est-elle pas appliquée à écrire avec force et simplicité le texte sacré des loix ?

C'est un grand défaut parmi nous de n'avoir pas encore un code en langue vulgaire : au milieu de tant d'affiches, on n'en a jamais vu une qui accompagnât une ordonnance d'une réflexion simple et touchante.

Quand on songe que les loix doivent être lues et entendues de tous les hommes, et qu'on ne sait où rencontrer le code national ; alors on est surpris de cette coupable négligence, et le législateur a perdu son plus beau droit, celui de parler au cœur de l'homme.

En est-il un seul qui ne puisse comprendre les conventions dont l'utilité est claire et connue, qui ne puisse juger qu'il jouit des avantages de la loi, et que sans elle les autres hommes pourroient s'armer et conspirer contre lui ? L'esprit d'un peuple s'éclaire quand on veut l'éclairer, quand on ne se refuse pas aux efforts des sages, qui ne demandent qu'à propager les lumières. Le peuple le plus ignorant est en même-temps le plus méchant; l'abrutissement entraîne toute sorte de désordres : on enseigne la grammaire, le cathéchisme, et l'on a oublié le code des loix.

Des maximes (qui le croiroit?) dirigent des empires. Toute l'histoire est une preuve certaine qu'il se forme une manière dans la politique des nations. Les Romains, qui s'étoient persuadés que les destinées leur avoient accordé l'empire du monde, regardèrent comme juste tout ce qui les conduisoit à cette grandeur. Les traités de la république étoient toujours un piège : le prince qu'il étoit le plus utile d'élever fut pour elle le prince légitime. Il ne faut pas s'imaginer que les Romains affectassent même quelque pudeur ; ils crurent que leur volonté devoit être la règle du monde. On connoît leur perfidie à l'égard des Carthaginois, des Rodiens, des Étoliens et des Jugurtha. La république romaine ne craignit jamais que deux hommes, Annibal et Mithridate ; mais les ennemis des Romains échouèrent dans leur dessein, parce qu'ils continuèrent à employer la même politique lorsque de nouvelles circonstances exigeoient d'eux une nouvelle conduite. Rome sut toujours se conduire par les mêmes principes ; l'exil des Tarquins et la destruction de Carthage eurent le même point de vue. Rome se forma, depuis son origine jusqu'à l'instant où elle couvrit le monde, à toutes les vertus qui doivent servir de base à la grandeur ; elle épia les États voisins comme les plus éloignés, et les surprit dans des circonstances qui doivent précipiter leur chute. Quand les Romains manquoient d'un sujet présent pour faire la guerre à un peuple, ils remontoient jusqu'aux temps antérieurs à la fondation même de Rome. Tous ces héroïques attentats avoient pour fondement les maximes hautaines qui leur promettoient le règne de l'univers. Ainsi quelques mots, quand ils ont fait une impression vive sur un peuple, sont un point de ralliement qui soutient et rétablit leur courage ; et telle puissance est devenue dominante parce que ses drapeaux portoient telle divise plutôt que telle autre.

Nᵒ. 3.

GÉNÉRATION NOUVELLE.

Le sentiment de la liberté est par-tout; les oiseaux, les poissons en jouissent; elle accompagne le lion dans ses déserts, les chamois sur la cîme des montagnes, le renne dans ses neiges, et il y a eu des esclaves assez vils, assez dégradés pour disputer à l'homme ce sentiment inné, et pour oser dire qu'il étoit assujetti dès sa naissance.

L'homme est né libre, et d'une liberté attachée à son existence : ses droits, ses titres se renouvellent à chaque génération, car la nature donne à tous un *titre nouvel*.

Si tous les êtres sont libres, la nature, toujours une et toujours uniforme, n'est esclave nulle part. Qui a cru pouvoir dépouiller l'homme de son plus noble appanage?

Qu'en se réunissant en société les premiers hommes aient passé un *contrat* entre eux, cela ne peut être révoqué en doute : la société exige des droits communs, des droits égaux, mais ce contrat n'a pu regarder que ceux qui le passoient; il n'a dû

avoir de force que pour ceux qui le faisoient.
Un père n'a pu tout au plus obliger ses
enfans que pendant leur bas âge, que jusqu'à ce qu'ils fussent devenus hommes, et
en état de parler pour eux-mêmes; sans
cela il auroit avili et dégradé à jamais sa
postérité, en manquant à la justice, ce
qui répugne au bon sens, à la raison et à
la tendresse paternelle.

La nature, toujours entière, toujours
neuve, toujours *mineure*, la nature ne dé-
montre-t-elle pas sans cesse que ses droits
sont inaltérables, indépendans ? Chaque
individu apporte donc ses droits en nais-
sant; il a donc la liberté d'examiner,
d'approuver, d'innover, de changer le
contrat passé par son père : le père, guerrier farouche, n'envisage que la guerre ;
le fils, laboureur pacifique, ne respire
que la paix; l'un voloit au champ de Mars,
et l'autre va au temple de Minerve ; leurs
loix peuvent-elles être les mêmes?

D'ailleurs, dans ce flux et reflux conti-
nuel qui agite pérpétuellement notre terre,
il est impossible que les idées humaines
ne changent point. Eh ! comment a-t-il pu
germer dans la tête de l'homme de faire

des loix stables et permanentes, auxquelles il fût défendu de rien changer? Sommes-nous donc des castors ou une ruche d'a-beilles, pour qu'on nous ait réduit au seul instinct? Le moineau qui naît aujourd'hui sera le même que son père, son aïeul et tous ses ancêtres, à remonter jusqu'à l'Adam de sa race : le fils est égal à son père, leur nature et leur essence sont absolument les mêmes ; mais moi, suis-je un moineau ou un castor?

D'ailleurs, si l'homme étoit esclave, pourquoi des loix? de quelle façon exige-roit-on de lui des vertus? si l'homme étoit esclave, dès-lors ils le seroient tous ; mais dès-lors aussi ne seroient-ils pas tous égaux?

A quoi serviroit donc la raison, à quoi bon nos lumières, à quoi bon l'humanité, si nous devons rester assujettis à ces loix écrites avec la pointe de l'épée, par des peuples aussi barbares qu'ignorans? est-ce la lance à la main qu'il faut traiter des droits de l'humanité? n'est-ce pourtant pas ainsi que la plupart des peuples de l'Europe ont reçu leurs loix? n'est-ce pas l'esprit des Goths, des Wisigoths, des Bour-guignons,

guignons, des Lombards, des Saxons, des Francs, des Aláins, qui règne presque partout ?

La raison, toujours tardive, toujours lente, est toujours arrivée trop tard, et elle n'a point eu assez de force pour détruire de vieux préjugés enracinés par une longue habitude et étayés par l'entêtement et l'ignorance. Delà le code absurde de la barbarie, qui a essayé de faire de l'homme une espèce de bête de somme, en l'attachant à la *glèbe*.

Mais si nos ancêtres cherchoient à dégrader ainsi l'espèce humaine, d'un autre côté ils ennoblissoient la terre ; entre leurs mains elle devenoit fief, marquisat, vicomté, comté, baronnie, etc. Une pareille extravagance doit-elle donc être sanctifiée par nous, parce qu'elle est sortie du cerveau de nos pères? les Egyptiens, les Grecs, les Romains, tous les peuples les plus éclairés de l'univers, avoient-ils des idées aussi bizarres? certes, ils n'ont jamais ennobli la terre, même celle où ils plantoient leurs dieux féves, ail, oignon et autres pareilles divinités.

Mais qu'y a-t-il donc de commun entre

Tome III.   C

nous et nos pères? ils étoient ignorans et
barbares, nous sommes éclairés et civilisés;
ils étoient ennemis des beaux arts, nous,
nous sommes illustrés par eux, notre genre
de vie étant diamétralement opposé au leur;
si leur code étoit raisonnable pour eux, il
est absurde pour nous, et s'il étoit extravagant lorsqu'ils le firent, combien n'est-il
pas plus extravagant encore de nous laisser
régir par lui !

Cette terre noble ne doit-elle être fou-
lée, cultivée, moissonnée que par des
nobles, ne doit-elle être fumée que par un
engrais noble? ne doit-elle être labourée
que par une charrue noble, que par des
chevaux nobles? en ce cas, il faut tout
ennoblir, jusqu'à la rosée qui tombera du
ciel, pour fertiliser ce noble champ.

La seule terre noble, selon moi, est celle
qui fournit le plus de nourriture à ses
habitans. La terre n'existe et n'a de vraie
valeur que par le travail des roturiers,
et la plus noble de toutes les terres, quand
on la peupleroit de ducs, de comtes,
de barons, d'orgueil et de paresse, en
moins d'un an, ne seroit peuplée que de
leurs cadavres, d'oiseaux de proie et de

bêtes fauves, pour dévorer leur noble dépouille, s'il falloit que toute main fût noble
pour toucher à ce noble domaine.

Ennoblir la *terre*, et dégrader la nature
de l'homme qui la féconde, sont donc une
de ces folies cruelles qui n'ont pu naître
que dans des temps de barbarie, lorsque
l'entendement humain étoit totalement
dégradé ou éclipsé. Il n'appartient qu'à la
divinité d'ennoblir l'argile, en l'animant de
son souffle, et il n'est pas plus possible aux
hommes de changer la nature des choses
et d'arracher à l'homme sa liberté, que
de prescrire une autre route au char du
soleil.

L'homme, étant libre, a donc conservé
tous ses droits, et personne n'a pu con-
tracter pour lui sans y avoir été autorisé
par lui. Dès que l'âge lui permet d'entrer
dans la société, et qu'il fait partie du public, il a des droits à la *chose publique*.
Ce moment-là doit être celui que la nature
lui a assigné pour le parfait développement
de ses organes et de ses forces ; qu'il stipule
ses intérêts, il en est le maître : or, comme
il est prouvé par les calculs les plus justes,
et par l'expérience des siècles, que quatre-

vingt - dix ans composent trois âges d'hommes , nous devons en conclure que tous les trente ans il devroit y avoir une assemblée générale , pour établir une refonte dans les grandes sociétés.

Quel spectacle vraiment imposant que celui qu'offriroit une génération nouvelle, usant du plus incontestable des priviléges, du droit de traiter en son nom des droits de l'humanité, et réparant ainsi, à la face du ciel, toutes les espèces d'outrages qu'on s'est plu à lui prodiguer dans tous les coins de l'univers! *Cette régénération sociale*, et qui se renouvelleroit tous les trente ans, imprimeroit à un gouvernement une majesté qui ne lui permettroit plus l'adoption de ces misérables petites loix que la raison publique auroit frappées de mépris; car plusieurs loix antiques ne sont que le *testament* de la cruauté et de l'insolence : or, la génération nouvelle peut casser des volontés haineuses ou absurdes contraires à l'intérêt présent et général.

Nº 4.

MUNICIPALITÉS.

Un gouvernement municipal est le plus conforme au bonheur d'une nation et à celui du souverain (1). Chaque ville tient au sol, et il y a une foule de choses dépendantes du local. Le souverain est donc intéressé à entendre les représentations des différentes corporations du peuple, parce que chacune d'elles a des observations particulières propres à sa situation : un pont, une rivière, une montagne, font la richesse ou l'indigence de telle ou telle ville. Tout est composé dans la nature *d'infiniment petits*, et en politique, cette règle générale se fait encore mieux sentir.

Un mode municipal (2) serre les liens qui attachent le peuple au souverain : c'est à lui sur-tout qu'il appartient de diriger les intérêts particuliers à l'intérêt

(1) On comprendra bien ce que je veux dire par souverain; ceptes, ce n'est pas un seul homme.

(2) J'atteste que j'ai imprimé ce chapitre, et les précédens, en 1786.

C 3

général , il facilite la perception des impôts, diminue les dépenses , et ce nombre d'hommes inutiles qui seroient à la solde et à la charge de l'autorité souveraine. Le souverain qui veut tout faire, et laisser par-tout la trace unique de son pouvoir, n'est pas un souverain éclairé. L'amour et la confiance connoissent les sacrifices, et le peuple croit être libre dès qu'il marche de front avec ses magistrats , il se persuade que leurs sentences sont justes, et que la magistrature est faite pour favoriser la liberté.

Le peuple voit la force entre les mains du souverain , mais il apperçoit le dépôt des loix dans celles des magistrats, et ceux-ci servent d'union entre le prince et ses sujets. Les forces de la société résident dans ses citoyens instruits, laborieux, zélés. Rien de mieux vu donc , et de plus sagement établi, que les assemblées provinciales : le peuple s'accoutume par elles à croire à la bonté du gouvernement, et son œil , incessamment fatigué de l'appareil du corps militaire , se reposera sur les fonctions patriotiques de cette heureuse magistrature.

Le gouvernement municipal rend le gouvernement politique plus un, les frip-
pons inutiles, les gens de bien plus res-
pectés, le citoyen plus libre. L'impôt devient direct ; il va immédiatement de sa
source aux mains qui doivent le dépenser,
et quand préférera-t-on ce moyen si simple
au moyen destructeur des fermes ? Le revenu de l'État n'en seroit pas moins cons-
tant, et la France seroit délivrée de son
plus grand fléau, de ces fermiers qui ac-
quièrent des richesses et un crédit funeste, qui multiplient les agens de leur
cupidité et les complices de leurs extor-
sions, lesquels vivent aux dépens des autres citoyens, qu'ils vexent et tourmen-
tent. En employant le corps municipal à
la perception des impôts, elle devient simple, juste, peu coûteuse, on évite tous
les inconvéniens qu'on redoute et qu'on
sent.

Le gouvernement municipal ne connoît que le commerce utile, c'est-à-dire
celui qui fait plus l'avantage de l'État
que celui du commerçant. Un commerce
plus borné, qui donne l'aisance et non
les richesses, qui fait valoir les produc-

C 4

tions du sol et non les productions étrangères, est préférable à ce commerce extérieur qui accumule l'argent sans que les productions se multiplient, qui traîne à sa suite un luxe destructeur de la culture pour favoriser l'importation de quelques superfluités réservées aux riches, car la prospérité des commerçans n'est pas toujours le gage de la prospérité de l'État. Un commerce sans concurrence est un état violent, encore plus funeste à celui qui l'obtient qu'à celui qui s'y soumet. Tout le bien qu'il peut produire est une accumulation d'argent nuisible. Le gouvernement municipal retient tout à la fois le cultivateur et l'artiste, les encourage sans trop les enrichir, et les empêche sur-tout de porter ailleurs leurs bras et leur industrie. Toutes ces connoissances sont fondées sur des faits, et il seroit à desirer que les opinions contraires disparussent et fussent changées en vérités certaines ou évidentes.

Les municipalités enfin contribuent à la parfaite organisation des différentes parties d'un État : ces administrations municipales se fondent admirablement dans la

monarchie, parce qu'elles perfectionnent
peu à peu ce grand corps. Chaque province obtient un interprète qui explique
ses besoins et sa véritable situation. Les
administrations municipales forment la
liaison, en donnant au peuple une apparence de liberté ; elles sont là pour arrêter les grands abus. Tous les biens en
politique résultent du concours et de
la réunion des lumières. Les hommes
gagnent toujours à être interrogés sur
ce qui les intéresse directement ; l'obéissance devient plus facile et se confond
avec l'amour. C'est la voix des écrivains
généreux qui vient d'amener le plus beau
plan des administrations provinciales ,
ainsi que ces assemblées intermédiaires de
cantons ou diocèses : ce service rendu à
la patrie ne sauroit être passé sous silence
sans une déraisonnable ingratitude.

La bonne administration économique
intérieure dépend donc de ces municipalités, si fécondes en avantages locaux ;
car il est impossible que l'œil qui embrasse
la politique extérieure, veille à tous les
détails des bourgs , villages et petites
villes.

Voilà donc la partie qui enseigne qui
a pris un corps ; et plus elle sera répandue parmi le peuple des provinces ,
plus , en l'avoisinant de plus près , elle
pourra opérer d'utiles améliorations.

N°. 5.

OSCILLATION PERPÉTUELLE.

Qui ne voit (pour qui sait voir toutefois) une oscillation *réelle* dans chaque
gouvernement ? Ici , l'abus du pouvoir dit
monarchique a fait naître l'idée des républiques ; plus loin , l'abus de la liberté a
ramené l'état monarchique. Les Danois ,
pour se sauver d'un gouvernement monstrueux , ne craignent point d'établir légalement un despote , parce que c'étoit
un moindre mal au milieu de leurs souffrances.

Celui qui pense, qui examine, et qui juge
par les effets , ne doit point être la dupe
de ces notions vagues , exprimées par des
mots plus vagues encore , que chacun entend à sa manière. Les noms qu'il nous
plaît de donner aux divers gouvernemens

ne changent rien à leurs rapports, et ce sont ces rapports qu'il nous est important de connoître.

Les admirateurs aveugles de la constitution des anciennes républiques ne les feront pas renaître parmi nous, parce que les hommes ne pouvant que corriger et non changer la nature des choses, les États se modifieront constamment comme les individus, mais ne perdront jamais un certain caractère.

Les circonstances particulières de la position de chaque État décident de l'emploi plus ou moins étendu de ses moyens. Que l'on parcoure tous les systèmes des différens gouvernemens, on verra que les mêmes causes produisent toujours les mêmes effets ; et si le peuple est tranquille ou heureux dans un État dont le nom est flétri, qu'importe ? c'est que le système du gouvernement est mieux raisonné là qu'ailleurs.

Prétendre asservir les États à quelques principes d'administration, tandis que cette science n'est qu'un assemblage de faits perpétuellement variés par des causes qu'il n'est donné à l'homme ni de prévoir ni d'éviter, c'est se mettre dans l'impuissance de remédier à aucun mal, c'est ravir à l'homme et ses ressources et ses moyens, car il lui appartient de modifier incessamment les détails de l'économie politique.

Au moindre examen on distingue une foule de gouvernemens qui diffèrent entre eux ; le seul mot *monarchie* réveille plusieurs idées : monarchie *absolue*, monarchie *limitée*, monarchie *tempérée* par un sénat, modifiée par des états généraux ; monarchie *modifiée* par une diète nationale, non pas uniquement composée des grands du royaume, mais mêlée des magistrats ou députés du second ordre, tels que les communes, parce que ceux-ci, par leur profession et leurs mœurs, peuvent plus aisément se pencher vers le peuple ; monarchie *tempérée* principalement par les mœurs.

Le gouvernement républicain se subdivise de tant de manières que ses formes varient de siècles en siècles, tantôt par le règne de quelque citoyen extraordinaire, tantôt par sa propre rudesse, par le passage insensible d'une nation qui

perd sa liberté dans l'autorité monarchique.

Il est une servitude si naturelle et si
douce qu'elle fait oublier la liberté. Tel
peuple ne veut pas se gouverner par lui-
même , parce qu'il craint de s'exposer à
de trop grands orages. Il redoute une
constitution aussi forte que celle de l'Angleterre ; il répugne à cette économie, à
cette gravité qui sont la base des gouvernemens libres ; il ne songe ni à la domination universelle , comme les Romains ,
ni au système universel du commerce ; il
veut tâter pour ainsi dire de toutes les
législations ; et, comme il juge son caractère incompatible avec la constitution républicaine , il adopte une obéissance raisonnable et qui n'est jamais sans réserve.
Il conserve le respect et l'amour pour le
souverain , pourvu qu'il n'appesantisse pas
le sceptre. Il caresse une idée délicate,
le point d'honneur , qu'il ne faut jamais
blesser chez lui, et l'âcreté de la discipline n'est point faite pour son courage.
Il se croit plus libre qu'il ne le dit, et , satisfait de son sort , il n'envie rien aux nations étrangères , parce qu'il compte éga-

lement sur sa fidélité et sur la modération du monarque : n'est-ce point là le François? Il sent qu'il porte en lui-même une ardeur sublime , excellent principe pour former une liberté anglicane ; mais , comme elle coûteroit trop à sa gaieté et à ses plaisirs , il ne veut que des mouve-mens doux , et il implorera toujours le gé-nie de la monarchie pour assurer sa gloire et son repos.

L'on ne peut juger sainement des di-verses constitutions des États qu'après en avoir vu les effets. La position physique du pays et le caractère de ses habitans changent la législation purement spécula-tive. Il n'est aucun peuple qui n'ait en lui quelques causes qui nécessitent des régle-mens particuliers. Si sa législation est in-flexible , elle se tournera contre lui-même ; si elle est bien faite , elle s'adap-tera au caractère physique et moral du peuple qui l'aura reçue ; et le caractère des peuples éprouvant des variations , la législature suivra ces mouvemens , et ne brisera jamais la pente de l'esprit na-tional.

Nᵒ. 6.

Des Tributs.

Les tributs (dit l'auteur *de l'Esprit des loix*) *doivent être si faciles à percevoir, et si clairement établis, qu'ils ne puissent être augmentés ni diminués par ceux qui les reçoivent.*

Tout est dit dans ce peu de mots. Le tribut ne sera point onéreux quand la loi ne laissera rien à l'arbitraire. Que le législateur tâche d'être clair, il sera forcé à l'équité ; il donnera des loix faciles dans leur exécution.

On n'a point vu d'édits pour l'exemption du tribut : *les princes*, comme dit encore Montesquieu, *parlent toujours de leurs besoins, et jamais des nôtres.*

Tel homme pourroit-il bénir les loix de la société quand il n'en tire réellement aucun avantage, quand à ce nom on lui impose des sacrifices entiers, absolus, quand avec lui, la plus grande partie d'un royaume est écrasée par ces mêmes loix, qui ne paroissent plus qu'arbitraires? je sens

qu'il y a un certain fardeau qui doit nécessairement pencher plus d'un côté que de
l'autre, mais il doit être supportable à
tous.

Le bonheur de l'homme et sa richesse
ont été attachés à la terre ; c'est cette
mère nourricière qui a été chargée de pourvoir à tous nos besoins, et de payer tous
les frais de notre séjour ici bas, puisque
l'homme n'apporte avec lui que sa nudité,
triste caissier et bien peu propre à remplir
le *trésor royal*; c'est donc à la terre de
payer pour nous, et d'acquitter les impôts.

C'est pour conquérir une province, c'est
pour augmenter les revenus de l'État, que
les monarques font la guerre, et nullement
pour conquérir des hommes qui peuvent
fuir et se transplanter ailleurs. L'homme
qui n'a que ses bras, fait germer la mois-
son, construit nos édifices, défend nos
frontières; mais si l'ennemi vient, je demande s'il a quelque chose à perdre, et si
on lui fera porter *deux bâts*.

Il n'a donc rien à craindre : c'est le seul
possesseur des terres qui doit appréhender.
Le vainqueur peut lui dire : ceci est à moi,
hinc migrate coloni. Celui qui a des contrats

trats est dans le même cas, puisqu'il ne prête son argent que sur des maisons ou des revenus fixes ; il a par conséquent tout à redouter si l'ennemi vient s'emparer du domaine qui est le gage de sa créance : on doit donc l'obliger à rembourser l'impôt royal payé par la portion engagée , que l'on fait valoir pour acquitter sa rente. L'homme en lui-même ne doit rien, c'est la terre qui doit payer, et pour elle et pour lui. La France peut exister sans Français ; un allemand apporte ses bras, fait valoir le domaine abandonné, le produit est le même, l'État n'a rien perdu.

Il s'agit de savoir si on fera payer la terre suivant le prix d'estimation, suivant le bail, ou suivant la production.

L'estimation est sujette à mille erreurs, et quand il n'y entreroit pas de l'homme, la terre change, se dégrade, soit par des accidens, soit par ignorance ou le mauvais ménage du cultivateur. Chacun prétendroit qu'on a évalué sa terre trop haut ; les gens puissans viendroient toujours aisément à bout de se faire favoriser et diminuer, tandis que le fort de l'impôt tomberoit sur le foible. Quelle foule de raisons pour vexer le peuple !

L'impôt suivant le bail est sujet à peu près aux mêmes inconvéniens. On fait des baux simulés, on donne de gros *pots de vin*, au moyen desquels on passe des baux à plus bas prix : le fermier n'en paie pas moins ; le seigneur seul, ou pour mieux dire son receveur, son intendant, tous ses gens d'affaires y gagnent.

L'impôt en nature est donc le seul qui soit praticable ; il remplit toutes les conditions exigées par Montesquieu. Ce genre de tribut est si facile à percevoir, et peut s'établir si clairement, qu'il ne pourra être augmenté ni diminué par ceux qui le recevront : cette loi ne laissera rien à *l'arbitraire*, et dès-lors le tribut ne sera point *onéreux* ; rien de si aisé que de le prouver.

Mais pour que cet impôt soit juste il faut qu'il soit uniforme ; je suis bien éloigné d'admettre ces proportions erronnées, par lesquelles on exigeroit une fois plus sur les bonnes terres que sur les mauvaises. Il y a long-temps qu'on l'a dit, le bien n'a point de plus grand ennemi que le mieux. Cette prétendue subvention, qu'on voudroit nous faire envisager comme établie sur des proportions encore plus justes que celles dont je viens de parler, ouvriroit la porte à des injustices de toutes espèces et livreroit la France à l'arbitraire.

Mais je veux qu'un Dieu descende parmi nous, pour évaluer nos terres; je veux que les grands, épris du noble desir de contribuer, oublient leurs titres, leurs priviléges, leurs exemptions; je veux qu'ils ne fassent aucune démarche pour s'empêcher de payer moins que le plus simple villageois : mais toutes les terres d'un vaste empire sontelles donc également bonnes pour tous les genres de productions? qui ne sait qu'une grande partie de nos terres sont plus ou moins bonnes, plus ou moins mauvaises suivant le génie ou l'industrie de celui qui les fait valoir? Ce champ, qui jusqu'ici n'a rapporté que de mauvais fromens, deviendra excellent pour la vigne, et *vice versâ*, tel autre rapportera davantage en bois, en trèfle, en sainfoin, etc. etc. Telles terres sont très-bonnes dans des années de sécheresse, et d'autres dans des années pluvieuses. Cette terre qui n'a rien valu faute d'engrais,

D 2

va devenir de la meilleure qualité entre les mains d'un laboureur qui aura soin d'y en faire porter, etc. etc. Cette légère esquisse suffit pour démontrer qu'un cadastre ou une estimation des terres est une chimère qui ne pourroit qu'occasionner beaucoup de dépenses, de peines et de clameurs, le tout en pure perte. La culture, l'engrais, les saisons, les grandes routes, le commerce, le genre de fruits auquel on l'emploie, etc. etc. la faisant changer sans cesse de valeur, il est clair qu'on ne peut lui en assigner une avec une certaine équité. Il faut donc revenir à l'impôt en nature, et le lever de la même manière que se perçoivent les dîmes ecclésiastiques. On ne s'informe point si la terre est bonne ou mauvaise, si le laboureur a mis plus de temps ou de semences pour cultiver celle-ci que celle-là, et on ne voit pas que cet oubli excite aucune clameur ou souffre la moindre difficulté.

Quant aux objections qu'on tire des frais de culture, de semailles, etc. pour prouver qu'on doit avoir plus d'égards pour une mauvaise terre que pour une bonne, elles sont remarquables en ce qu'elles sont l'inverse de ce qui se pratique aujourd'hui, à l'égard du pauvre que l'on fait payer, tandis que le riche accumule des écus à l'abri de ses priviléges, de ses exemptions, de ses nobles parchemins, etc. etc. Rien n'est si aisé que de démontrer que ce sont de ces raisonnemens, ou pour mieux dire de ces abus de l'esprit tels qu'on en trouve à chaque pas dans les livres des économistes.

Par exemple, je suppose que j'aie une ferme de trente arpens de bled, dont six arpens de la meilleure qualité, six d'une qualité inférieure, six médiocres, six au-dessous du médiocre, et six de mauvaise qualité.

Les six premiers me rapportent chacun deux cents gerbes ; à la dixième ils en payeront chacun 20. . . . . 120.

   6 à 150 . . . . 90.
   6 à 100 . . . . 60.
   6 à 75 . . . . 45.
   6 à 50 . . . . 30.

Il est aisé de voir que le bon arpent paie plus que celui d'une qualité inférieure, et sur-tout beaucoup plus que celui de la dernière qualité.

Les frais de culture, de semaille, etc.

etc. doivent être comptés pour rien, par la raison que c'est le fonds de la terre qui paie tous les frais. Quand je loue deux arpens de terre appartenans à M. B...., il m'en loue un 60 livres et l'autre 10 liv., voilà une différence de 50 livres dans la location ; ces 50 livres de bon marché sur la mauvaise terre, sont pour me dédommager de mes frais et de la petitesse de ma récolte : aussi M. B...... n'a-t-il payé cet arpent que 200 livres, pendant que l'autre lui a coûté 1200 liv., ce qui revient au même pour lui. Si, par mes soins, ce mauvais arpent rapporte autant que le bon, ne serai-je pas bien à plaindre ? serai-je bien fondé à crier à l'injustice, et à dire : cet arpent ne payoit que cinq gerbes quand il n'en rapportoit que cinquante, et aujourd'hui que je suis venu à bout de lui en faire rapporter deux cents, j'en paie vingt ? Cet homme que vous plaignez n'en auroit-il pas cent trente-cinq de plus pour lui, lesquelles le dédommageroient amplement de ses peines et soins ?

Avez-vous beaucoup ? vous donnerez beaucoup ; avez-vous peu ? vous paierez peu. Si je paie beaucoup, c'est que je recueille beaucoup, et que je suis riche ; et au contraire, si j'ai peu, je paie peu. Pour la première fois, la fortune de nos monarques seroit mariée à celle de leurs sujets, et ils n'auroient rien de mieux à faire que de les enrichir et de les protéger contre la voracité des financiers.

Toute autre imposition qu'une rede-vance sur le sol est une source d'erreurs : je le crois ; mais je le dirai en gémissant, de pareilles loix ne peuvent s'écrire que sur des États vierges encore. La régéné-ration de l'impôt en France tient à une autre régénération (1), et l'on ne peut guère graver le code du bonheur que sur des tables où il n'y ait rien à effacer.

Quand à l'impôt sur la consommation, il est vicieux dans tous ses points, car il est tout à la fois injuste et cruel. Pour

(1) J'écrivois ceci en 1786 ; il faut rapporter une multitude de *chapitres* ou nᵒˢ. à cette époque ; mais je ne crains point que l'on m'accuse pour cela d'aristocratie, ayant dit souvent que je préférerois le *despote de Maroc* aux vilains petits sénats aris-tocratiques qui couvrent la Suisse ; et elle passe pour être libre !

D 4

que cet impôt fût juste , il faudroit que
les hommes eussent tous un revenu proportionné à leurs besoins , parce qu'alors
le revenu étant en proportion avec ces
mêmes besoins , l'impôt ne porteroit d'une
manière sensible que sur ceux qui con-
sommeroient plus qu'ils ne devroient.
Pierre auroit de quoi acquitter sa dette,
et *Paul* , en payant davantage , ne pourroit se plaindre , puisqu'il seroit le maître
de payer moins ; mais taxer les *premières
nécessités* , n'est-ce pas condamner la
multitude à être tourmentée par la misère?
Le riche s'en moque ; il ne redoute point
cet impôt , parce qu'il vient toujours facilement à bout de se procurer le nécessaire : s'il se retranche , ce n'est qu'aux
dépens de l'ouvrier, qui dès-lors gagne
moins , et qui étant fatigué par le besoin ,
donne sa main d'œuvre ou sa marchandise
à plus bas prix , afin d'avoir les moyens
de prolonger sa vie et de pourvoir à
l'instant présent. L'impôt sur les consommations est visiblement une surcharge
pour le pauvre ; il n'y a rien de plus
cruel et de plus barbare que de dire à
la bouche affamée : *commence par ma*

payer, *et tu pourras prendre ensuite un*
peu de nourriture ; *si ta bourse n'y peut*
atteindre , *meurs.*

D'ailleurs les gains des ouvriers ne sont
pas les mêmes : il y a une très-grande
différence entre la journée d'un manou-
vrier et d'un artisan ou d'un artiste. Cependant les besoins sont les mêmes : il
en est de sacrés, ordonnés par la nature ,
qu'il faut respecter ; imposez la voie de
bois à 200 livres , un quart de la ville
se chauffera encore , mais le reste mourra
de froid. D'ailleurs , comme les hommes
gagnent plus en proportion de leur inutilité , et que leurs ouvrages sont plus
ou moins objets de luxe , si on charge
les consommations par trop , tous les arts
utiles ou nécessaires ne pourront plus
fournir aux besoins de ceux qui les cultivent : les campagnes deviendront déser-
tes , la misère se refugiera dans les villes
sous le nom de *laquais* , *de marchandes*
de modes , *d'ouvrières en linge ;* les rues
ne seront peuplées que de malheureux ,
qui rôderont autour des palais de la paresse , du luxe et du libertinage ! alors
l'infortune est le partage du plus grand

nombre ; la pitié s'enfuit, car elle devient impuissante ; la probité n'est plus qu'un nom, car c'est à qui n'en aura plus ; la nécessité a tout renversé, et il n'existe point de barrières à l'abri de ses coups effroyables.

En 1654 on mit une taxe sur les baptêmes et sur les morts.

En 1695 on imagina la capitation.

En 1721 on vit naître la taxe du contrôle des actes sur toutes les hérédités des familles.

En 1757 on inventa la taxe nommée *industrie*.

Ces quatre impôts sont révoltans, car ils taxent despotiquement l'existence, la vie et la mort des infortunés sujets, et ils punissent le travail chez les citoyens appliqués et qui veulent se rendre utiles.

La capitation fut mise en 1695, et auroit dû être supprimée à la paix de Riswick en 1696 ; mais elle existe encore aujourd'hui, 97 ans après sa création.

Une femme de travail ou de commerce, qui devient veuve avec quatre enfans, paie sa capitation particulière et celle de ses quatre enfans. On les punit d'avoir

perdu celui qui leur donnoit du pain.
Taxer l'infortune et la misère ! sans doute
la cupidité ne l'a fait qu'après coup : cet
impôt n'a été sûrement inventé que pour
les riches ; mais falloit-il le faire porter
sur l'indigence ?

Le contrôle sur toutes les hérédités des
familles n'est pas moins tyrannique, car
il est démontré que dans le passage de la
succession de l'aïeul au petit-fils, un gros
tiers de la succession a été dévoré par les
droits successifs qui vexent les héritages.

La taxe sur l'industrie semble ennoblir
l'homme fainéant, oisif, sans talent, et
sans profession ; c'est une seconde capitation personnelle qui frappe l'homme
laborieux.

Si l'on ajoute à ces impôts les aides et
les gabelles, désavantageuses à la société
par leur inégalité de prix et de servitude,
on avouera que l'impôt, déja si terrible
par lui-même, l'est encore plus en France
par l'arbitraire qui préside à la répartition.

Pour faire tous ces redressemens, et
l'on s'en occupe, il faut méditer profon-
dement sur ce qui doit à l'état, et l'on

écartera les opérations viles , odieuses ,
tyranniques , pour rendre l'impôt conforme à la nature physique , en demandant
à la terre et à ce qu'elle porte le tribut
nécessaire.

Par ce qu'elle porte , il faut entendre ,
non seulement ses fruits et ses productions
de toutes espèces , mais aussi les maisons,
les moulins , les auberges, etc.

On me dira sans doute qu'une dîme
sur les revenus de la terre , un impôt
unique, ne seroit pas suffisant, l'état étant
aussi chargé qu'il l'est aujourd'hui. Cela
est évident ; mais avant de répondre , je
crois devoir demander d'abord combien
produiroit une dîme sur les productions
du royaume , et un impôt proportionné
sur les maisons des villes , des bourgs ,
etc. ? Rien au monde de plus facile que
cette opération , et il n'en coûtera rien à
l'État. En moins de six semaines on auroit
pu le savoir, en s'y prenant au commencement de mai ou à la fin d'avril , lorsque la terre déployoit toutes ses richesses ;
il ne falloit que faire afficher alors toutes
ces dîmes , et en quinze jours on en auroit

connu le produit par *livres*, *sous* et *deniers* (1).

Mais j'entends déja les docteurs modernes, qui crient que cela est impraticable, et qui, pour faire preuve de leur habileté en arithmétique, nous disent que les granges pour serrer toutes ces dîmes coûteroient 33,333,333 liv. 3 sous 3 deniers, ce qui seroit une surcharge pour l'État. Je soutiens, d'après ce qui se pratique journellement dans les provinces, qu'il ne seroit pas nécessaire de construire une seule grange ; ainsi je mets un zéro à la place de tous ces chiffres économiques, ce qui, sans doute, ne chargera pas beaucoup le royaume.

Quand on saura combien aura produit de centaines de millions une pareille opération, qui, en outre, fera connoître les richesses et les ressources du royaume en tout genre, il ne sera pas plus difficile de se procurer le nombre de millions qui manqueront, pour égaliser la recette et

_____

(1) Tout ceci a été publié en 1786. J'ai, dans ce temps-là, publié des *bases* pour les contributions publiques ; les décrets nationaux se trouvent pleinement d'accord avec mes *premières bases.*

la dépense. Mais comme il ne suffit pas
de payer le courant , et qu'un état aussi
riche et aussi puissant que la France ne
doit pas être comme un ouvrier qui vit
au jour le jour , et que le moindre acci-
dent réduit aux abois , il faut mettre le
souverain à portée de liquider les dettes,
d'éteindre ces rentes qui pèsent si violemment sur la France , et de pouvoir soute-
tenir les guerres qui arrivent au moment
qu'on y pense le moins. Les gens sensés ,
qui connoissent le chapitre des événemens
et la position du royaume , ne croiront
sans doute pas que ce soit trop accorder
que 100,000,000 de plus que la dépense
annuelle.

Il n'y auroit donc qu'à classer tous les
habitans du royaume , à commencer par
l'église et la noblesse ; car, quant au tiers-
état, il ne fera sûrement aucune difficulté.
La vanité paiera , l'industrie paiera , et
la paresse même n'en sera pas exempte.
Les ducs, les marquis , les comtes , les
barons , les vidames , les chevaliers seront
chacun dans leur classe , comme les notaires , les avocats, les procureurs dans
la leur , les peintres , les bijoutiers, etc.

etc. Les classes formées , et le dénombre-
ment une fois fait , il sera très-aisé d'imposer de manière à se procurer les sommes
nécessaires. La France , par ce moyen ,
se trouvera dans une assiette digne d'elle
et appuyée sur elle-même. C'est alors que
les riches pourront se regarder , à juste
titre , comme les colonnes de l'État. Ils
sont les plus intéressés de tous à soutenir
et défendre une patrie où ils se trouvent
si bien , et où ils jouissent de tant de
brillans avantages. Chargés des biens et
des récompenses de l'État , est-ce à eux
d'invoquer de vieux parchemins pour
prouver qu'ils ne doivent rien à l'État ?
D'ailleurs que leur en coûtera-t-il ? de se
priver de jouer une partie de vingt-un un
seul jour de l'année : il n'y a pas là de
quoi crier.

Mais d'ailleurs, avec toutes leurs exemptions, tous leurs titres , tous leurs priviléges, n'est-ce pas toujours eux qui paient ?
Ce n'est pas le pauvre qui n'a rien , qui
peut verser dans le trésor-royal ? c'est son
industrie ; or, qui est-ce qui la paye, si ce
n'est le riche ? La seule différence que je
remarque en ceci , c'est que le pauvre vit
mal , et que le riche vit plus chèrement.

Malgré toutes ses prérogatives, il se trouve enlassé de toutes parts : son chapeau paie, son drap paie, ses bas paient, sa chemise paie, sa tête paie, ses chevaux paient leur foin, leur paille, son pot au feu paie, son tournebroche paie, son feu paie, son vin paie ; qui ne voit que, tout en se tenant sur ses hauts chevaux, il est assiégé de toutes parts ? Il payera dans sa classe, et il y gagnera certainement beaucoup. Il ne sera plus fouillé aux barrières ; des armées de commis et de financiers qui dévorent la Fance, s'occuperont plus utilement : au lieu d'en faire la ruine ils en feront la richesse. Tous les trésors de l'état ne seront plus ensevelis dans les coffres de la finance. On ne verra plus nos frontières assiégées de contrebandiers. Les rangs étant bien distincts et bien marqués, la noblesse ne se trouvera plus confondue avec une multitude de parvenus qui la déshonorent. L'impôt ne poursuivra plus la denrée, et une multitude de gens occupés à tout piller aujourd'hui, rendus à eux-mêmes, se jetteront dans le commerce et les travaux de l'industrie, qu'on verra fleurir parmi nous,

nous , plus qu'ils n'ont jamais fait. La
France deviendra la rivale de l'Angleterre
et sera beaucoup plus heureuse qu'elle ,
puisqu'avec une bien plus grande quantité
de terres et de peuple , elle a certainement par elle-même beaucoup plus de ressources.

L'impôt sur la consommation établit
nécessairement l'odieux régime des fermes
et l'armée des commis aux barrières. Il
fait regarder les citoyens comme autant
de fraudeurs ; il avilit la nation qui est
fouillée et celui qui fouille. Or, quel
plus grand mal que d'avilir l'espèce ? jadis
c'étoient des juifs, des lombards qui étoient
chargés des misères publiques en France.

L'impôt sur la consommation est une
épée de longueur , qui passe à travers le
corps du pauvre pour égratigner le riche
qu'on cherche à atteindre , mais qui est
à couvert derrière le malheureux qui lui
sert de plastron.

Les hommes ont des besoins égaux qu'il
faut satisfaire : mettez le vin à une pistole
la bouteille , le pauvre ne boira que de
l'eau, le riche boira sans doute moins ,
mais il ne s'en passera pas. A qui fera-t-on

Tome III. E

tort ? au pauvre d'abord , et au vigneron qui vendra moins. L'impôt sur la consommation , sous quelque face qu'on l'envisage , est donc toujours funeste ; d'ailleurs la production payant par le loyer , la taille , la capitation , il est très-injuste de la faire payer encore pour lui accorder le droit d'être consommée.

N°. 7.

DE LA MULTIPLICATION DE L'ESPÈCE HUMAINE.

La multiplication de l'espèce humaine est à craindre , selon les circonstances où elle se trouve.

Il y a des pays , comme dit Montesquieu, *où un homme ne vaut rien ; il y en a d'autres où il vaut moins que rien :* ceci doit s'entendre des pays moins civilisés , où la nourriture manque à l'homme.

Et dans les pays même civilisés , où le nombre des ressources est disproportionné à celui des habitans , et où , par conséquent , plusieurs sont désœuvrés et inutiles à l'état , les hommes sont obligés de

se répandre ailleurs , sur-tout lorsqu'en
vivant uniquement de la chasse ou du lait
de leurs troupeaux , ils ont besoin d'une
vaste étendue de terre pour subsister.

Ces émigrations se voient encore de
nos jours ; les hommes passent continuellement dans les pays où les arts et les
sciences leur font trouver les moyens de
vivre.

Il ne se passe guère d'années que la
Suisse n'envoie quelques milliers d'hommes
chez l'étranger : il en sort encore un très-
grand nombre d'Allemagne.

Les colonies américaines deviendront
précieuses au genre humain, par cela seul,
qu'elles sont capables d'ouvrir des retraites
immenses à la trop grande multiplication
de l'espèce humaine en Europe.

Il est donc un degré de multiplication
funeste aux états ? Si la vie est le grand
but de la création , la subsistance devient
de nécessité absolue ; mais il paroît que
la nature a laissé à la politique le soin
d'achever ce grand ouvrage : ce sont
évidemment les arts et les loix qui empêchent que les hommes ne s'entre-dé-
vorent.

La guerre a ses horreurs sans doute, mais il s'en faut bien qu'elle présente un spectacle aussi terrible que la famine; c'est le désordre absolu, la ruine honteuse, le dernier terme du malheur, et l'opprobre de l'humanité. La dent de l'homme, se portant sur la chair de son semblable ! cette image fait plus reculer d'horreur que tous les bronzes tonnans, au moyen desquels ils se déchirent à de longues distances.

A l'homme sont subordonnés l'air, la terre et la mer, afin qu'il en tire sa subsistance; et la multiplication de l'espèce humaine n'effrayera point le contemplateur, quand l'homme appellera à son secours les moyens qui assurent et multiplient la nourriture.

Quelle immense quantité de vie répandue sur toute la face de la terre !

Nous éloignerons ici les idées métaphysiques : quand il s'agit de la nature, il n'y a que l'effet qui puisse nous mettre en liaison avec le véritable état des choses. Tout dévore et tout est dévoré, la vie animale est un feu qui se consume et qui ne s'éteint point ; toute

la terre est pour ainsi dire à la bien-
séance de l'espèce humaine , qui ne
sera effectivement jamais trop nombreuse
quand elle fera sortir sa subsistance d'un
travail assidu et d'une industrie éclairée.

Qui auroit cru que cette fourmillière
d'hommes , qui se retirèrent en Hollande
du temps du duc d'Albe , y pussent subsister ? mais il suffisoit à ces peuples de
connoître les arts et les siences, et d'avoir
trouvé un lieu où ils pussent s'y appliquer
en toute sûreté , pour faire sortir de leur
industrie la subsistance qu'ils ne trou-
voient point dans leurs marécages.

Les bêtes carnacières , que la nature
a soumises au pouvoir des hommes ,
sont destinées à leur tour à servir de bar-
rière à la multiplication des races frugi-
vores ; ainsi tous les êtres sont dans la
dépendance de ces loix générales , que la
nature a établies pour la production et la
conservation de cet immense quantité de
vie qui circule dans l'univers.

Dans quelques états , on a redouté la
propagation des hommes , et l'on a porté
des loix qui s'opposent à leur multiplication ; mais si quelque peuple n'a rien

exigé de ce qui pouvoit empêcher la trop grande multiplication des enfans, on peut dire qu'en général les peuples civilisés doivent moins craindre cette surabondance, parce qu'outre les ressources qui les environnent, ils sont subordonnés à une multitude de causes coërcitives ; de sorte que dans quelque situation qu'ils se trouvent, il y en a toujours quelqu'une qui agit et qui opère sur eux ce retranchement nécessaire dans la vie animale aussi bien que dans la vie végétale.

Par-tout la nature emploie une multitude de puissances qui s'opposent, dans toutes les espèces, à la production du trop grand nombre de leurs individus ; elle a assujetti les hommes aux guerres, aux pestes, aux maladies et aux langueurs ; elle a partagé le genre humain en différens corps, qui s'entre-choquent sans cause, et qui perdent toujours quelque chose de leur masse dans cette action réciproque.

Quand Aristote conseille de faire avorter la femme avant que le fœtus ait vie, si le père a des enfans au-delà du nombre défini par la loi ; quand, à la

Chine et au Tonquin , il est permis aux
pères de vendre leurs enfans ou de les
exposer ; quand , dans l'isle de Formose ,
la religion ne permet pas aux femmes
de mettre des enfans au monde qu'elles
n'aient trente-cinq ans , c'est que ces peuples et ces législateurs n'appercevoient rien
de terrible comme le spectacle de la famine. Or , une plus grande somme de nos
industries , une culture plus soignée, feront voir que les famines ne sont point
des maux inévitables , et qu'il suffit à la
politique d'abandonner l'espèce humaine
aux loix générales ; elles feront rentrer
dans les bornes la trop grande multiplication , et l'équilibre se maintiendra par
la merveilleuse économie de la nature ,
car ses loix ont toutes un rapport intime
entr'elles.

S'il est encore des pays en Europe qui
ne suffisent point à la multiplication de
l'espèce humaine , ils n'en souffrent point,
parce que le surplus de leurs habitans
passe continuellement dans les pays voisins , où les arts qui tiennent à la culture , et ceux qui en sortent , leur font
trouver le moyen de subsister. On ne voit

plus de ces débordemens, ou de ces émigrations marquées par des ravages et des massacres continuels : les anciens habitans de l'Europe, guerriers et brigands par inclination, le devenoient en quelque manière par nécessité.

Les poëtes ont imaginé des dieux qui avoient des bras, des jambes, un corps, en un mot, comme celui des hommes, mais qui n'avoient point de sang comme les hommes, et qui n'usoient point de nourriture comme les hommes. D'autres sont venus ensuite, et ont fait de la chair et du sang humain des êtres invulnérables, invisibles, immortels; puis ils nous ont peint ces heureux temps où les hommes ne vivoient que de gland, et celui où les tigres, les ours et les lions, étoient assez courtois pour venir lécher les pieds de ceux qui leur jouoient de la lyre.

J'aime autant ces fables que celles qui supposent que la vie animale doit être respectée, et indépendante de toute destruction. Il en est de cette loi de la nature, qui ordonne la destruction d'une partie de la vie animale pour le bien de l'autre , comme de toutes les loix que la providence a établies pour le maintien de l'ordre dans l'univers : cette loi ne se règle point toujours sur le bien particulier , et cependant elle est sage , elle est équitable , même par rapport aux êtres dont elle paroît contrarier le bonheur. Il ne se peut point que des loix générales , des loix qui ont pour objet la conservation de l'univers, et par conséquent d'une multitude innombrable d'êtres , ne se trouvent de temps en temps en opposition avec le bien particulier ; et comme la conservation du tout doit être préférée à celle de la partie , les loix générales de la nature doivent par cela même être fixes et immuables : vérité qui ne se comprend pas , parce que les hommes en général ne comprennent point ce qui va au-delà de la sphère de leur besoin particulier , et que chacun exige pour soi le bien-être de la partie , considéré indépendamment du tout.

Mais sans cette loi physique , qui fait vivre la substance vivante sur la substance animale , sans ces dispositions de la nature , l'équilibre auroit été rompu ,

la vie se seroit éteinte d'elle-même ; et
il auroit fallu un monde vaste à proportion pour alimenter cette vie animale.
C'est comme si l'on peuploit la terre de
races gigantesques, et qu'on fît entrer
dans le système animal des individus que
les mers ne pourroient engloutir, que les
montagnes ne pourroient écraser : la
masse du monde leur seroit subordonnée,
mais le mortel et le corruptible ne sau-
roient être en même temps immortels et
incorruptibles. Tous les habitans de ce
monde, formés de la poussière, doivent
nécessairement retourner en poussière.

La vie animale suppose de toute nécessité de nouvelles générations ; et vous
voyez que la nature précipite les générations les unes sur les autres, et qu'elle
les multiplie d'une manière sextuple, dé-
cuple, centuple, et quelquefois plus encore, afin que, lorsque les espèces viennent à faire quelques pertes considérables
par les catastrophes qui arrivent dans ce
monde, elles se rétablissent promptement, et qu'il n'y ait point de vuide dans
la vie.

Point de vuide dans la vie, quel mot!

sache donc mourir, homme orgueilleux, qui te crois centre du tout, tandis que tu dois obéir aux loix générales et physiques !

La nature paroît cruelle en établissant ainsi la loi de la multiplication. L'on accuse le court espace de la vie ; mais la fragilité naturelle de la vie animale rend nécessaire le peu de durée de son existence. Ce rocher a vu des siècles antécédens, mais il ne vit point, il ne sent point, il est un des membres de la nature.

Je me garderai bien de vouloir expliquer l'origine du mal physique dans le monde : tous les philosophes ont passé sur cette thèse : ils ont voulu concilier certains phénomènes dans la nature avec l'idée d'une bonté et d'une sagesse infinie ; mais dans des discussions de cette profondeur, comme dans les calculs d'algèbre, il suffit qu'on se trompe dans la dénomination d'un seul terme pour que la conclusion soit toujours fausse, quelque juste que soit d'ailleurs le raisonnement.

Quel raisonnement peux-tu faire, *in-*

secte , mitte ? Créature , obéis. Tu as
appellé mal ce qui ne l'étoit point.

Mais en même temps que la loi de multiplication maintient la vie animale dans
toute sa plénitude , elle en multiplie
les plaisirs. Peut-on nommer autrement
ces douces affections et ces retours encore plus doux de tendresse , qui , à la
suite des desirs ardens , complètent la
félicité. Ces aimables illusions font les
délices de la vie : par ce puissant ressort ,
la nature, quoiqu'en nous assujettissant
à quelques peines , a créé ces liens d'a-
mour qui réunissent tous les individus;
delà ce commerce réciproque de secours ,
de consolation et de bons offices. C'est
dans la loi qui ordonne la multiplication des individus de chaque espèce que
la nature a placé le plus grand plaisir ,
le plus voisin du bonheur ; car il fait oublier les peines , et il devient le souverain moteur des actions humaines. De
quoi en effet ne sont-ils pas capables ,
ceux que l'amour anime ? il donne de la
force aux foibles , de la hardiesse aux timides , de l'activité aux indolens ; il
adoucit les mœurs les plus farouches , il

imprime un caractère de fierté aux tempéramens les plus paisibles ; enfin , il se
mêle à tous les sentimens de l'ame et leur
communique je ne sais quoi de noble et
de grand. Si l'amour n'est pas la cause
des plus belles vertus , du moins il y
dispose. L'on peut remarquer que le temps
dans la vie où les hommes sont acces-
sibles aux mouvemens de la bienveillance,
de la générosité, de la compassion , c'est
celui où cette passion règne plus impérieusement sur le cœur. Dès que ce
feu commence à s'éteindre , le cœur de
l'homme se rétrécit, ses plus beaux élans
ne vont pas au-delà de quelques vertus
particulières.

Ainsi , il est un but fixe auquel tend
toute la nature ; c'est la production et la
conservation de la vie , et de l'aveu de tous
les êtres la vie est un bien dans la nature.

Oui , un bien ! elle a des douceurs pour
tous. Les hommes aiment la vie , et s'y
attachent ; c'est une espèce de reconnoissance envers celui qui leur a donné
l'existence. S'il est des esprits mélanco-
liques qui la regardent comme un far-

deau , c'est maladie chez eux ; et leur jugement ne doit pas contrebalancer celui du genre humain. Le plus pauvre a les plaisirs du sentiment : amant, époux, père , la mesure du bonheur excède toujours un peu celle de sa misère.

Si, par des loix éternelles et immuables, tout est converti en substance vivante ; si toutes les causes secondes , tous les événemens et tous les êtres sont assujettis à la reproduction et à la conservation de la vie ; si le temps de l'existence de ces individus est renfermé dans de certaines bornes , c'est afin que la multiplication ne soit pas excessive entre les différentes espèces , ce qui effaceroit le tableau de l'univers.

Nous pouvons penser hardiment que les contradictions qui paroissent dans le plan de la providence ne sont qu'apparentes , qu'elle ne pouvoit point user de moyens plus efficaces pour remplir pleinement ses fins , et que la seule contemplation de ses œuvres doit nous élever à l'admiration et à la confiance.

Dieu nous a donné un entendement pour connoître , une raison pour discerner , un cœur pour aimer la vérité ; nous devons donc admirer ses ouvrages , en respecter l'ensemble , et nous humilier devant ce que nous ne comprenons pas. A quoi serviroit la révolte de notre esprit? à nous voiler davantage les grands desseins de la providence , et à nous ôter l'espérance.

Mais la nature a mitigé en quelque sorte l'empire qu'elle a donné aux hommes sur le reste des animaux. La millième partie ne sert pas à leur nourriture : ils ont une grande sagacité pour découvrir les piéges qu'on leur tend , une grande adresse pour les éviter ; ils ont une multitude de retraites diversifiées sur la surface de la terre, et les bois, les forêts , les montagnes , les rochers inaccessibles en dérobent la plus grande partie à la faim de l'homme ; puis les espèces qui sont subordonnées aux besoins des autres sont d'une fécondité prodigieuse.

Or , rien ne nous dispense de la pitié que nous devons aux animaux. Ils doivent partager les mouvemens heureux qui découlent de nos dispositions bienfaisantes ; et lorsque le desir de notre propre conservation nous oblige de faire usage de l'empire que nous avons sur eux, attentifs à leurs souffrances et à leurs gémissemens, nous devons abréger leurs peines, et ne point étouffer cette impression de douleur qui nous saisit lorsque nous accomplissons ces actes de nécessité liés à l'ensemble de la nature, et que la compassion du moins peut rendre prompts et moins cruels.

No. 8.

DE L'ENTHOUSIASME POLITIQUE.

AUTREFOIS on connoissoit l'enthousiasme en matière de religion; aujourd'hui c'est le mot *liberté* qui conduit les esprits : mais l'enthousiasme politique peut ou pourroit avoir des effets aussi funestes que l'enthousiasme religieux; on n'envisage l'autorité que par les gênes qu'elle prescrit, et l'on s'obstine à ne point voir dans le gouvernement la puissance qui fortifie la la liberté individuelle. On sent la nécessité d'un pouvoir qui contraigne l'audace et réprime l'injustice, et l'on veut jouir

en

en même · temps de la liberté dans toute l'étendue dont elle est susceptible , c'est-à - dire la faire dégénérer en licence ; contradiction manifeste. Par-tout où les pouvoirs sont accumulés , le danger politique existe : que ce soit dans la main du peuple , il n'y a plus de liberté ; que ce soit dans la main du gouvernement , il dégénère en tyrannie. Cependant de grandes lumières pourroient rencontrer l'union rare de l'extrême autorité et de l'extrême douceur ; mais il n'y a rien de sage à attendre de l'autorité absolue dans la main du peuple ; le fanatisme y a trop d'activité, et chaque individu, zélateur en-têté de son pouvoir, le pousse à l'excès : toute démocratie se précipite dans les entreprises les plus imprudentes ; chacun agit comme souverain , parce que tous les citoyens le sont lorsqu'ils sont légalement réunis ; mais ils s'en souviennent trop lorsqu'ils sont séparés. De-là vient que tout sage fuira un gouvernement démocratique, ou, ce qui est pis encore, aristo-démocratique.

La constitution des démocraties est soumise à tant de causes d'agitation, que leur

Tome III. F

tranquillité est une espèce de miracle con-
tinuel. Cette organisation délicate s'oppose à la conservation ou à la chaîne qui
liera toutes ces parties qui cherchent naturellement à se séparer. Comment l'ordre et l'harmonie peuvent-ils naître au
milieu de cette tendance éternelle à la
discorde? il y a trop de dissonnance pour
l'accord général.

La constitution des États enfante dans
les cerveaux des idées chimériques : le
sujet d'un monarque se croit esclave,
un républicain se croira monarque, faute
d'avoir observé la société dans ses grands
et immuables rapports.

Le peuple est assez flatteur à l'égard
de ceux qui lui crient de pousser sa liberté au plus haut dégré; mais il accableroit
sa liberté même s'il alloit d'entreprises
en entreprises, et l'État seroit dissout. Si
l'esprit de modération pouvoit appartenir
à un peuple, c'est-à-dire s'il savoit esti-
mer dans la constitution la loi qui borne
son pouvoir, il ne seroit pas dangereux
de vivre sous son empire; mais dans sa
passion aveugle pour la liberté, il rompt
les barrières qui la séparent de la licence,

et il croit n'exercer que des droits légitimes en vexant les autres corps de l'État.

L'autorité de la nation ne cesse jamais; personne ne conteste cette vérité : toute espèce de puissance émane de la nation; mais en même-temps il est presqu'impossible à un peuple très-nombreux d'exercer en corps cette puissance suprême.

Ainsi une lutte patiente et vigoureuse, lorsque le gouvernement cesse d'être tolérable, convient mieux d'abord que l'irruption de la guerre civile. Jamais l'autorité ne devient arbitraire quand la nation veille à réprimer certains abus. Jamais le pouvoir sans bornes n'a paru tout-à-coup. C'est le long sommeil du peuple qui enhardit la tyrannie; mais si la nation a le soin de ne pas oublier ses prérogatives, et de les rappeller dans plusieurs circonstances, jamais les dépositaires de l'autorité ne franchiront les bornes qui leur sont prescrites par les loix.

Le despotisme est tellement monstrueux qu'il épouvante jusqu'à l'homme qui en est revêtu ; jamais il n'osera de lui-même frapper les coups violens, à moins qu'il ne voie des hommes façonnés à la servitude et disposés à lui pardonner ses attentats.

Si tous les gouvernemens ont la même fin, laquelle est le maintien des loix au-dessus des passions des citoyens, il y a dans tout gouvernement, par une suite nécessaire, un premier mobile, c'est-à-dire une puissance qui détermine la su-bordination. Les citoyens ne se sont point réservés le droit de désobéir. D'un bout de la terre à l'autre, tout peuple a senti la nécessité d'asservir les passions par-ticulières à l'empire des loix, et ce but réveille dans l'esprit l'idée d'une subor-dination exacte, et conséquemment d'un pouvoir suprême et incontestable dans ceux qui gouvernent.

Le mot de *liberté* n'est jamais que re-latif, car ce mot seroit vuide de sens si on vouloit l'appliquer à toutes les actions particulières. Les peuples les plus libres ont les loix les plus despotiques; l'on est aussi soumis dans une république que sous un gouvernement monarchique : pourvu que chaque partie ne soit pas désunie de son tout, et ne trouve point ou ne croie pas trouver son avantage particulier dans l'affoiblissement et la ruine des autres; le gouvernement (de quelque nom qu'on l'appelle) réunira toutes les qualités qui lui sont essentielles.

Les gouvernemens ne diffèrent donc entre eux que par les diverses combinaisons dont une même chose est susceptible; ils s'éloignent, ils s'approchent plus ou moins du degré de perfection que la politique se propose, selon les rapports qui doivent exister entre la partie qui gouverne et celle qui est gouvernée. Un gouvernement barbare est corrigé par le progrès des lumières, par celui des mœurs, et peu à peu l'on voit disparoître la confusion des loix et cette égalité anarchique qui décide toujours l'oppression des foibles.

Les passions sont l'ame et la force de la société, mais il faut qu'elles soient gouvernées par une politique habile, sans cela les passions ne tendent qu'à détruire la société. Le droit devient équivoque, et les loix inutiles, si les lumières n'établissent pas la véritable subordination, c'est-à-dire celle qui démontre l'obéissance dans les sujets, et la vigilance la plus exacte dans ceux qui gouvernent. C'est ainsi que les lumières agissantes mettent autant de différence entre les États, que l'éducation en met entre les différens ordres des citoyens d'un même royaume.

N°. 9.

LES GRECS.

Ils ont connu le sentiment réfléchi de l'honneur ; ils ont long-temps sacrifié à cette idée délicate : elle fut chez eux nationale, tandis que les Tyriens et les Carthaginois s'attachoient à cultiver le principe d'intérêt particulier.

Les premiers colons de la Grèce furent les Phéniciens, qui eurent à leur arrivée l'esprit plus cultivé que les naturels du pays.

La mythologie des Grecs fut la chronique de leurs héros. Cette théologie, liée aux intérêts de la nation, n'abattit point les courages, et contribua plutôt à leur donner de l'élévation. Les secrets de la politique civile et guerrière furent confiés à l'imagination fleurie des poëtes. L'esprit d'héroïsme se répandit par-tout avec leurs vers, et le génie des écrivains forma et exécuta pour ainsi dire le plan de police défensif de l'État.

Les Grecs connurent plus qu'un autre peuple le prix de la culture des beaux arts, et la science de les faire servir au bien public. La politique, obscure et énigmatique chez leurs voisins, devint chez eux pratique et lumineuse.

Du mélange de leurs lumières il sortit une variété de caractères qui, par leur agrégation, servit à aiguiser l'esprit et à épurer les mœurs.

Si les Grecs s'érigèrent en maîtres des autres nations, quoique leur puissance nationale fût très-limitée, ils justifièrent cette arrogance par le zèle avec lequel ils s'attachèrent à éclairer et à bien servir l'humanité.

Inférieurs en nombre et en richesses aux peuples orientaux, ils établirent des écoles publiques et nationales de l'honneur et de l'art de la guerre. Les exercices corporels furent honorés; et dans ces spectacles guerriers, où se rendoit de toutes les villes la jeunesse de la nation, la gloire, dont ils avoient une grande idée, les plaça au-dessus des autres nations , si supérieures en force.

Ainsi le sentiment de l'honneur produisit une infinité de grands effets chez les Grecs, d'autant plus fertiles en expédiens qu'ils avoient mieux soutenu la dignité de citoyens, et combattu pour les vrais intérêts de l'humanité.

La notion du bien public, semblable à un rayon lumineux, éclaira dans toutes les occasions les libertés et les avantages du peuple. Les vertus civiles s'approchèrent pour ainsi dire de la perfection morale, parce que le Grec, plein d'honneur, voulut être aimé et applaudi, et dès-lors il se piqua d'être réellement bon, honnête, magnanime. Ce fut un nouveau monde libre qui eut pour base le principe du bien public, et cette espèce d'archipel politique fut aussi étonnant que celui qui enrichissoit la vue d'un nombre infini d'images agréables. Les beautés de la civilisation appartiennent à ce peuple, ainsi que les beautés de la nature ; il goûta dans toute son étendue les attraits de la bénificence nouvelle.

La ville d'Athènes, bien différente de Sparte, fut fondée sur la notion intuitive de la liberté. Sa constitution fut créée par l'esprit d'industrie; on y recevoit à bras ouverts tous les gens industrieux. L'esprit devoit y être des plus raffinés, parce que le commerce y faisoit fleurir éminemment les arts et les sciences.

On ne se donne point la peine d'acquérir une grande fortune, pour suivre ou rentrer dans une condition ordinaire. En vain on imagina l'ostracisme; les grands d'Athènes s'irritèrent des loix pénales.

Jamais peuple ne fut plus attentif à conserver son caractère national. L'enthousiasme de la liberté, répandu dans les sentimens de tous les citoyens, ne déroba rien au tact le plus sûr, quant aux mœurs et au caractère de chaque magistrat : justes estimateurs des actions vraiment illustres, ils s'accoutumèrent à bien apprécier le mérite, à distinguer les fautes du génie et les succès du hasard.

Cet esprit d'égalité civile maintint la constitution d'Athènes; cette constitution permettoit au peuple, à ce peuple spirituel, d'être dans une agitation perpétuelle; il fut curieux, inquiet, causeur; cette fermentation des esprits servit à étendre l'époque de

la liberté, tous la prêchoient, jusqu'aux orateurs et aux poëtes, dans un langage fleuri
et sonore. Le théâtre, la tribune aux harangues, tout favorisoit la seule démocratie
qui, dans le monde entier, fut véritablement éclairée; et les beaux arts employèrent,
pour la dernière fois, la délicatesse du
pinceau, et l'élégance du ciseau, aux ordres
d'un gouvernement où le simple citoyen
égaloit le premier magistrat.

Athènes forme une exception sur le globe,
et les Athéniens payèrent cher cette rare
autorité, car ils furent perpétuellement
défians et soupçonneux, comme si une pareille démocratie avoit été un effort surna-
turel et un moment unique dans l'histoire
des nations.

N°. 10.

L'ÉGYPTE.

Les Égyptiens ont toujours formé un
peuple à part dans l'histoire des nations.
L'Egypte est le pays le plus riche en cu-
riosités naturelles. La majesté et les sin-
gularités du sol, sa fertilité, imprimèrent

dans l'imagination des habitans des bords
du Nil des idées fortes et gigantesques.
Leur tête fut montée au ton du grand,
et se plut uniquement aux impressions
vives et extraordinaires. Leurs édifices
furent majestueux et sublimes, comme leur
religion emblématique : l'administration,
perpétuellement exaltée, bâtit des pyramides et des temples ; et, marchant de
surprise en surprise, les Égyptiens donnèrent à leurs ouvrages le ton du massif,
ainsi qu'ils avoient donné à leurs idées
religieuses des ombres augustes et mysté-
rieuses.

Plus l'esprit est disposé à l'admiration,
plus il embrasse d'idées confuses, et plus
il devient craintif, défiant, superstitieux.
L'Égyptien, qui s'extasioit de tout, adopta
bientôt jusqu'à la grandeur de la tyrannie
que ses maîtres exerçoit sur lui. Le faste
de ses monarques servit à nourrir son orgueil national ; mais c'est que les monarques égyptiens, flattant le caractère des
peuples par des sensations fortes, avoient
exécuté ces ouvrages immenses, qui ré-
gloient et dirigeoient les inondations du
Nil. Les rois égyptiens agirent dans les

beaux arts comme avoient fait les prêtres dans la religion : le peuple n'obéissoit qu'à des impressions surnaturelles ; il fut plutôt frappé qu'instruit. Porté sur un théatre de merveilles de la nature et de l'art, tout ce qu'il rencontra fut pour lui un objet de respect. Les divinités se multiplioient sous ses regards ; et comme tout étoit devenu un objet d'adoration publique, un grand nombre d'images gigantesques et de sons inintelligibles fortifièrent en lui le sentiment de la terreur : il se prosterna devant le trône et l'autel. L'Égyptien, environné de prodiges, eut tous les foibles d'un enfant sensible qui a l'esprit crédule et l'imagination craintive.

Ainsi les peuples épris de tout ce qui cause des sensations vives et fortes, ne sont point faits pour la connoissance réfléchie de leurs vrais intérêts politiques.

La vie monastique a tiré son origine de l'Egypte, et la fureur de dogmatiser a passé de ce pays dans toutes les régions de l'Orient et de l'Occident. Les Cophtes ont encore le caractère craintif et superstitieux de leurs ancêtres ; ils ont défiguré la religion chrétienne de la même manière que les

prêtres égyptiens avoient entassé les hié-
roglyphes, ces signes mystérieux que le
peuple n'a jamais compris, et dont le véritable sens a échappé à toutes les recherches. L'influence du climat s'est toujours
fait sentir en Egypte plus qu'ailleurs,
parce que les sables de l'Afrique et les
rochers de l'Arabie font avec cet heureux
climat, dont le terroir rend jusqu'au centuple, un contraste des plus imposans.

Les Égyptiens passèrent par tous les
degrés de la curiosité, à compter depuis
le plus simple de ces degrés jusqu'au plus
composé. C'étoit un caractère national
assez singulier ; mais dans le premier âge
le sentiment de la curiosité étoit sans
doute plus vif qu'aujourd'hui.

De cette manière, le sentiment d'admiration fit envisager à l'Égyptien tout l'assemblage des corps qui l'environnoient
comme un système de merveilles et de
prodiges.

Le sentiment du plaisir laissa l'Égyptien indéterminé sur le choix d'un objet
divin. C'est ainsi qu'il adopta des usages
religieux qui furent chez lui des sentimens profonds et réfléchis. Delà les idées

vigoureuses et extraordinaires qui caracté-
risèrent ce peuple ; et l'on peut remarquer
que, quand les sentimens religieux sont
une fois établis chez une nation, ils ont
une force supérieure à celle de tous les
autres sentimens publics.

Nous avons perdu la trace de ces anciens gouvernemens où le despotisme régnoit dans toute sa force. A Rome et à
Carthage, à Sparte et à Athènes, la religion étoit entièrement subordonnée à
l'État. On n'alloit consulter les oracles
que par curiosité, par politique, ou par
désespoir ; mais l'autorité des despotes religieux se trouve établie dans la plus
haute antiquité, notamment chez les Tartares, les Péruviens, les Juifs et les Ja-
ponnois ; et des débris de la religion des
Juifs, des Chrétiens et des Arabes, on a
vu sortir, chez les Mahométans, un despotisme encore plus impérieux.

Quelle a été l'origine sociale des États
religieux ? Je sais qu'il y eut par-tout des
esprits spéculatifs en fait de physique et
de morale, des théologiens de tout pays,
qui se firent une idée abstraite et systé-
matique du gouvernement de l'univers ;

mais ces idées, passant la portée du peuple, n'influèrent puissamment, ni dans l'ordre politique, ni dans les mœurs nationales.

Il faut donc remonter à quelque grand désastre qui ait épouvanté tous les esprits, ou à quelque grand danger où s'est trouvée une peuplade qui jugeoit que les voies humaines n'étoient plus capables de la délivrer. Tel fut le cas des Juifs, qui ne purent sortir de la servitude de Pharaon qu'à la faveur d'une idée qui leur promettoit une protection extraordinaire du ciel. Alors un législateur donna à ce peuple l'idée la plus sage et la plus sublime du souverain Être, en lui inspirant une espérance probable de sûreté et de délivrance ; mais ayant à conduire une nation avilie par un long esclavage, il fut obligé d'y joindre toute la rigueur d'une législation religieuse.

Les voies de contrainte dont il usa furent tirées du fond des idées et des sentimens de la nation juive. Ce peuple regardoit le pays de Chanaan comme son patrimoine. Le législateur promit à un peuple pauvre, errant et fugitif, la pro-

priété d'un pays coulant de lait et de
miel.

Ce pays , défendu par des montagnes
et des deserts , convenoit à un peuple haï
et méprisé de toutes les tribus arabes

Le législateur fortifia le principe religieux des Juifs en les rendant dépen-
dans de la jurisdiction de Dieu. *Jehovah*
fut le vrai et le seul souverain du pays ,
et la charge de son premier ministre étoit
remplie par le souverain pontife.

Jehovah exerça donc les droits de souveraineté , et la police des Juifs étant religieuse , tout crime qui alloit contre la
divinité devoit être puni de mort. Chaque acte de l'idolatrie étoit un crime de
lèse-majesté divine. Le législateur varia
à l'infini les coutumes religieuses , et les
étendit autant que cela lui fut possible ,
afin qu'un vrai israélite eût l'esprit
continuellement frappé de la présence de
Jehovah. Le législateur, après avoir af-
fermi la police religieuse d'une manière
incontestable , sut garantir le pays de
Chanaan de la trop grande inégalité
de condition. Il restreignit la cupidité
par le partage des terres inaliénables ,

qui,

qui , comme les terres des Spartiates ,
passoient à tous les descendans d'un chef
de famille ; et , au défaut de celle-ci , ces
terres passoient, par la voie du mariage,
dans la famille de celui qui avoit épousé
l'héritière de ces terres, et ce devoit toujours être le plus proche parent.

Un israélite pouvoit hypothéquer sa
personne et ses biens ; mais au bout de
sept ans il rentroit dans la possession de
ses libertés personnelles , et au terme échu
de quarante-neuf ans il pouvoit réclamer
l'héritage de ses pères.

Que l'on pèse en silence l'équité et la
sagesse de cette institution , et l'on con-
viendra que cette loi avoit de la profondeur, et étoit prise dans la nature même
de l'homme.

Quant au divorce , il s'accommodoit au
génie du siècle et à l'intérêt de la nation,
dont la population ne devoit être gênée
en aucune manière.

Dans un pays qui appartenoit à Dieu,
personne ne contestoit au souverain pontife l'exercice de l'empire le plus absolu ;
aucun ne murmuroit de la rigueur des
loix pénales. Les juges furent les lieute-

Tome III. G

nans du Dieu d'Israël en temps de guerre
et les juges des causes civiles en temps d
paix. Mais bientôt le peuple juif, fatigu
par les incursions des Chananéens et de
Arabes , voulut avoir un gouvernemen
militaire sous le nom de *roi*. La natio
juive établit un général en chef , et l
gouvernement religieux changea, parc
que l'autorité militaire servit à abolir cell
de la religion.

Les Arabes eurent , dans le fond , u
principe religieux semblable à celui de
Juifs. Mahomet commanda aux Arabe
de faire la guerre à tous ceux qui soute
noient une doctrine différente de celle d
Coran. Le législateur arabe annonça au
nations sa mission divine. Il alla prendr
le feu du ciel, avec lequel il embrasa tou
les temples qui n'étoient point dédiés à l
foi musulmane. Si on est étonné , de no
jours, de la témérité d'un homme qu
forme sa monarchie sur celle de Dieu, e
qui soutient qu'elle doit avoir la même
étendue, qu'on sache que c'est cet étonnement même qui , dans ce siècle, sub-
jugua l'esprit et la volonté.

Les sophis bâtirent en Perse une monarchie religieuse sur la seule idée de schisme, ou de parti religieux. L'origine de leur autorité étant religieuse, personne n'osoit examiner la légitimité de l'usage qu'ils en firent.

Mais l'on voit que le législateur des Juifs, celui des Ottomans, donnèrent au peuple des idées morales, religieuses et civiles; qu'ils firent des livres accrédités : par-tout l'obéissance a été le tribut des idées salutaires apportées aux hommes. Les hommes ne se sont soumis que lorsqu'ils ont vu la raison universelle leur parler pour leur bien-être. C'est le sentiment d'admiration, plutôt que le fer du conqué-rant, qui a courbé les têtes. Les légis-lateurs se sont servi des sentimens reli-gieux pour gagner le plus puissant ascen-dant sur l'esprit national, parce que ces sentimens sont les plus chers à l'homme, et qu'il est avide de sentir et de connoître.

La religion, chez tous les peuples, a été la première espèce de civilisation.

N⁰ II.

DES ARABES.

LES Arabes sont les vrais *Tartares* d[u]
midi ; mais les richesses naturelles de leu[r]
péninsule les retinrent, et ils ne furer[t]
point tentés de quitter leur genre de vi[e.]
Ils restèrent errans, pâtres, et divisés pa[r]
tribus.

La révolution du *Prophète arabe* eu[t]
son centre à la Mecque, et s'étendit de l[à]
sur toute la péninsule. Nous pensons qu[e]
Mahomet n'auroit point échauffé l'imagi[-]
nation des Tartares, ainsi que celle de[s]
Arabes : ceux-ci s'enflammèrent pour de[s]
principes religieux, parce que leurs mœur[s]
et leurs usages approchoient plus de la vi[e]
sociale ; ils furent fanatiques, et déchuren[t]
de leur grandeur passée, débris abject[s]
d'une nation qui étoit autrefois très-illustre[.]

C'èst néanmoins, et de nos jours encore[,]
un peuple libre, uniquement parce qu'il[s]
n'ont pas négligé les mœurs nationales[.]
Ce peuple, qui étoit autrefois maître d[e]
l'Asie, cherche aujourd'hui sa sûreté dan[s]

les deserts et sur la cime des montagnes : mais ce qui est digne de réflexion, c'est de voir un peuple, qui est sans contredit un des plus anciens et des plus illustres de tous, se dégrader jusqu'à détrousser les passans; moyen que l'Arabe emploie pour s'indemniser des inconvéniens de sa fainéantise. On peut comparer la gloire de la nation Arabe à celle d'un vieux château qui, ayant servi de demeure aux *rois*, est devenu l'asyle des voleurs et le repaire des bêtes féroces ; domicile changé aux *extrêmes*.

La possession du temple de la Mecque, objet de toutes les dévotions des Musulmans, fait sa richesse ; mais les Arabes, un peu semblables aux *Italiens modernes*, jugent l'idole qu'ils voient de plus près. Ils ne sont pas grandement asservis sur l'article de la religion, soit parce que le principe religieux n'est jamais aussi fervent dans l'esprit des nations libres que dans celui des nations policées, soit parce que son amour indomptable pour l'indépendance fait redouter à l'*Arabe* des entraves qu'il veut secouer dans tous les *genres*.

Notre Paris devient et doit devenir *Arabe*. Oh ! les deux bouts de la *chaîne*!

G 3

Voyons le Tartare : il n'a ni terres à labourer , ni arts mécaniques à perfectionner; il possède beaucoup de loisirs pour les exercices du corps. C'est pour lui que le cheval existe ; c'est le centaure de la fable. Il couvre une grande étendue de terre toujours en plein air ; sa course est agile et son corps est robuste. Transplanté d'un endroit à l'autre , il est de tous les hommes le plus expert au manége. Rien n'approche de l'égalité naturelle dont il jouit, parce que toute la nation n'étant qu'un assemblage de hordes , elle a dû choisir un chef , un chef despotique , à condition qu'il fût vigilant et expérimenté, car plus il y a d'irrégularités intérieures dans une société , plus il doit y avoir de régularités extérieures.

Un chef , souverain absolu, étoit évidemment nécessaire chez un peuple en guerre avec tout le monde, et dont la sûreté ne consiste que dans la promptitude de l'attaque et dans la célérité de la retraite. Si le chef de ces hordes n'étoit pas un monarque , comment le Tartare joindroit-il la rapidité de l'éclair à sa violence ? Comment feroit-il des courses précipitées sur les terres voisines? Que seroit la valeur sans l'exacte discipline ? Il n'y a point de conquête, point de victoire sans une autorité une et ferme, sur-tout quand il faut courir des entreprises hasardeuses ; car rien ne doit égaler la vigilance d'un peuple qui trouble le repos de tous les autres.

Ainsi tout peuple guerrier se soumet naturellement à un chef absolu ; et plus son autorité est grande, moins la nation risque de périr ou de tomber dans l'esclavage, parce que si le chef est foible, inepte ou poltron, les événemens le réforment en peu de jours.

Nous voyons les plus grands conquérans, qui ont marqué leurs traces par les tourbillons de fumée qui suivent les dévastations, sortir de ce peuple remuant et néanmoins subordonné à un maître qui avoit droit de vie et de mort. Tout le nord de l'Europe, et peut-être celui de l'Amérique, fut peuplé de nations Tartares. Il falloit de l'ordre et de la conduite pour faire mouvoir ces caravanes militaires qui coupoient le globe, et faisoient des Tartares un seul corps national. La Tartarie, rassemblée sous un seul chef,

G 4

fit deux fois la loi à l'Asie , tandis que les nations Tartares , qui s'étoient jettées sur l'Europe , ont pour ainsi dire apposé le sceau à tous les usages qui règnent dans les cours des monarques issus de ce peuple.

La religion et la politique ont changé bien des choses ; mais on voit, à travers tous ces changemens , que la grandeur de plusieurs rois européens fut bâtie sur le plan de ces conquérans du monde. Ce despotisme du monarque Tartare s'est fondu parmi nous , et le caractère n'en est demeuré qu'à la tête des armées. Des loix, des usages et des formes enchaînent et modifient cette autorité absolue , ainsi qu'on a vu du côté de la Chine le caractère chinois commander au génie tartare , le policer, lui faire adopter des loix antiques et sages. Le fer à la main , la nation féroce céda à la nation civilisée , et les Manchou , respectant le caractère moral d'une nation éclairée , furent soumis à leur tour par la raison d'un peuple qui ne leur opposa point d'autre force.

N°. 12.

DES VÉNITIENS.

LES Vénitiens, fuyant devant la fureur des *Huns*, se sauvèrent sur des rocs entourés de lagunes. Venise est un vrai *despote*, sauf *Berne*, et c'en est peut-être le modèle. Ce despote parle par l'organe d'un sénat ; il n'a ni le caprice fougueux d'un sultan, ni la férocité d'un chef d'armée. Les loix seules sont inexorables à Venise , mais quelles vieilles loix ! elle pèsent plus que par-tout ailleurs sur les *grands* et sur les ministres d'État : la rigueur s'exerçant également *contre tous* , elle garantit à chacun la part des affaires publiques qu'il possède dans ce gouvernement, et il en résulte une sorte de liberté sous ce vénérable despotisme.

Cette république a trouvé le secret rare d'assurer son indépendance, en s'attachant principalement à contenir l'ambition des nobles et la fougue du peuple. Jamais sénat ne fut plus sage et plus ami de la liberté nationale. Il n'y a que le gouver-

nement qui frappe, et pour les seuls cas qui
en valent la peine. Si le noble est le souverain du peuple, il est prêt en même temps
à s'immoler pour lui ; il est le premier à
révérer la république, ainsi qu'un fils res-
pecte, dans le premier âge, le despotisme
de son père ; il maintient la décence d'un
magistrat, il a toute la fierté d'un romain,
sans en avoir l'ambition.

Ces sages patriciens ayant remarqué que
la plupart des *républiques* étoient tombées
par le défaut de la puissance exécutive,
ont remédié à ce danger imminent par
l'établissement admirable du *conseil des
dix* (1). Des actes d'héroïsme, semblables
à ceux des Romains, ornent les annales
de Venise. Son peuple est un des plus heureux qui soit sur la terre. Il ne lui est défendu que de toucher à un seul objet, et
l'on compose après cela son bonheur mieux
qu'il ne le composeroit lui-même.

Le vice de ce gouvernement est dans son
inquisition politique, poussée trop loin, et
qui prend une teinte de cruauté : que cette

---

(1) Eh bien ! cela manque en grand à la France ;
ce 17 octobre 1791.

inquisition terrible disparoisse ou ne frappe
ses coups qu'avec une extrême réserve,
Venise offrira un des plus beaux gouvernemens dont puisse s'honorer le genre
humain.

N°. 12.

DES PEUPLES DU NORD.

TANDIS que les Orientaux, au milieu de
leurs jouissances sensuelles et de la perfection des arts purement luxueux, n'ont jamais cessé d'être cruels envers les vaincus, de
diviniser follement leur *souverain*, et d'é-
tablir par-tout la *servitude*, à commencer
par eux, les peuples septentrionaux, au
sein de leur grossièreté, n'ont pas méconnu
les droits de l'homme. On peut dire que nos
ancêtres, francs, tout en pillant et en rava-
geant, et même en tournant leurs armes
victorieuses contre eux-mêmes, ont sauvé
le feu sacré, la liberté; il s'éteignoit peut-
être dans l'Europe, tant les influences du
midi étoient contagieuses.

On doit à nos ancêtres l'immutabilité des
trônes modernes, les bonnes loix des suc-

cessions, ces établissemens fixes, ces associations contre les Normands en faveur des communes, les sûretés des chemins. Ils eurent cette idée noble, de la dignité et de l'égalité naturelles de l'homme, innées en quelque sorte chez les peuples de l'Europe, courageux, libres et guerriers.

N°. 14.

CORPS ECCLÉSIASTIQUES.

ON a dit que le clergé de toutes les religions se ressembloit. Il y a peu de proverbes d'une vérité aussi frappante. Le caractère des soldats est moins marqué que celui des prêtres. Le point d'appui de leur lévier est dans le ciel, il faut qu'ils aient à peu près les mêmes idées. Ils tolèrent moins que les autres hommes la contradiction. Quand on a bien étudié la vie ecclésiastique d'un prêtre, on peut porter son jugement sur presque tous. Leur caractère est uniforme.

L'homme craint tout ce qu'il connoît et ce qu'il ne connoît pas; l'imagination n'est guère en lui que la faculté d'appercevoir par-tout les causes cachées d'effroi *et* de douleur.

L'expérience des sens confirme ses frayeurs. Il a vu le combat des élémens, les maladies, les animaux féroces, les conquérans, le feu du ciel. Il est le seul être qui ait une idée de la mort ; il la voit dans tous les objets. Frappé du nombre infini de fléaux qui attaquent sa courte existence, il a cherché des espèces de recettes contre les accidens de la vie. Les plus bizarres furent adoptées et s'entassèrent les unes sur les autres, avec une confusion égale à la prodigieuse diversité des maux qu'il vouloit éviter.

Des fourbes mirent à profit cette terreur universelle, et frappèrent de nouveaux traits les imaginations foibles ou blessées. Ils accumulèrent par la parole les exemples des désastres passés, les réunirent en un seul point sous l'œil tremblant de la peur.

Parmi ces craintes multipliées qui battoient l'ame humaine, la religion se fondit nécessairement dans le caractère de chaque peuple. Plus ou moins cruel, il ensanglanta l'autel de ses dieux en immolant des hommes ou des animaux.

Le tableau des superstitions humaines n'est que le tableau de l'ignorance craintive de l'homme. De là naquit le chaos de ces dogmes et de ces institutions bizarres qui pesèrent sur la tête des nations jusqu'à ce qu'elles fussent éclairées, c'està-dire jusqu'à ce qu'elles eussent connu les lumières vivantes d'une saine philosophie.

Le catholicisme a une fatale influence quand il est mêlé aux maximes du gouvernement; l'ordre sacerdotal trouble ou gâte la politique. L'Italie et l'Espagne en ont vu de tristes effets. Le protestantisme, voulant que les membres du clergé fussent toujours tranquilles et soumis, a défendu généralement à tout ecclésiastique l'entrée dans aucune chambre d'administration civile.

Il faut avouer que le Français, en adoptant la religion catholique, n'a point confié à l'ordre sacerdotal cette force qui pouvoit le mettre dans le cas d'en abuser. Les écrivains célèbres ont renvoyé le prêtre à l'autel, et l'ont forcé pour

ainsi dire à ne pas s'en écarter. Par ce
moyen , les abus extraordinaires n'ont
point eu lieu depuis cinquante années ;
et les papes , qui doivent à nos rois leur
grandeur temporelle , prennent bien garde
de faire prévaloir leur autorité personnelle sur celle de l'église entière , et reçoivent de nous , dans la politique , des
idées lumineuses qui leur sont fort utiles.

Les refugiés qui ont déserté la France ,
l'ont dégarnie en peuplant les états voisins. C'est une perte en raison relative ;
mais, ce qui étoit plus dangereux encore,
c'étoit leur haine contre leurs persécuteurs,
qu'ils emportoient chez l'étranger, et dont
ils ont fomenté le germe au point que j'ai
vu des enfans frémir au nom de Français
catholiques.

Une faute en politique en entraîne toujours une autre , et ordinairement plus
dangereuse. La mission dragonne, bien
loin d'arrêter la transmigration, lui donna
au contraire de nouvelles forces ; la vengeance et la haine allumèrent des deux
côtés un fanatisme qui ne connut plus de
frein , et il ne se trouva pas en France
un seul homme doué d'une raison assez

éclairée pour montrer, dans la révocation de l'édit de Nantes, une erreur doublement monstrueuse, en ce qu'elle attaquoit l'humanité et la saine politique.

Le cardinal de Richelieu, connoissant tout le prix de conserver les Protestans, proposoit de leur donner la communion en réalité, sous les apparences; en sorte que par ce moyen il leur laissoit le choix. Cette anecdote est vraie, quoiqu'elle doive paroître extraordinaire.

N°. 15.

QUAKERS.

AVANT l'établissement des sociétés, il y avoit des combats : un homme en attaquoit un autre, et le tuoit ; son frère, son voisin, son ami vengeoit sa mort, et le sang couloit. Il y a apparence que ces combats, tout fréquens qu'ils pouvoient être, enlevoient une très-mince portion d'hommes, en comparaison de la guerre, telle qu'elle est aujourd'hui, fièvre intermittente des corps politiques, qui les ruine, les accable et les met sur le bord

du

du tombeau. Il faudroit supposer bien des querelles particulières pour égaler les trépas que causent ces querelles générales, où cinq à six cent mille hommes à la fois sont sous les armes et traversent l'Europe, qu'ils ravagent eux-mêmes à la veille de leur mort. Si ce n'est pas le fer qui les détruit, les maladies épidémiques, les fatigues, la faim, l'inclémence des saisons les fait périr. La guerre meurtrière, qui attaque à la fois et l'agresseur et celui qui se défend; ce glaive à deux tranchans, qui blesse celui qui le porte, est donc un fruit des sociétés politiques. Quoi! les hommes se réunissent pour assurer leur repos et leur bonheur, et le contre-coup de leur calamité ne s'arrête plus à un seul empire, il frappe l'Europe entière! Un pavillon insulté vers la mer Baltique met en feu le midi, et des millions d'hommes vont périr pour l'honneur de ce pavillon! Voilà donc les hommes en proie à des maux cent fois plus nombreux que ceux qu'ils ont voulu éviter! Ils prétendoient préserver leur existence, sauver leur propriété et se prémunir contre la force; ils se sont pressés de manière

Tome III.   H

que le coup se communique à tous les individus, Telles on voit ces boules d'ivoire qui se touchent, recevoir toute l'impulsion qui est imprimée à l'une d'elles. Le remède est pire que le mal ; et c'est ici que l'on sent la moralité de la fable, où le cheval implore l'homme pour qu'il ait à venger son injure. Les chefs de la race humaine l'ont sellé et bridé : il a bien fallu ennoblir la guerre pour parer ce monstre hideux, l'environner des palmes de la gloire, prononcer les grands mots de *valeur*, de *fermeté*, de *patriotisme*, si l'on vouloit séduire l'imagination de l'homme. Comment le lancer autrement dans une carrière ensanglantée? comment l'engager à quitter ses paisibles foyers, les caresses d'une épouse, le sourire d'un fils, pour aller chercher des blessures affreuses, et au défaut de la vie, la perte de l'aisance et de la santé? Mais les rois ont sans doute un talisman magique. Le plus grand des crimes, le renversement de toutes les loix, s'est nommé *la loi suprême*; l'oubli de l'honneur s'est appellé *honneur*; il a été grand d'égorger des soldats qui dorment, de tendre un piége, d'assassiner des femmes , des enfans , et la férocité brutale ayant mis sur son front un masque , elle s'est appellée *justice* , et les peuples l'ont cru ; aveuglement fatal , et que rien ne peut dissiper !

Il y a une nation en Europe qui passe pour être bonne , et qui , sous le nom de troupes auxiliaires , donne indifféremment de vrais assassins aux princes qui les achettent. Ce trafic exécrable , contraire aux loix de la nature , contraire aux droits des gens , se fait sous le nom imposant de la liberté. Mais y a-t-il une dépendance plus vile et une servitude plus flétrissante que de se vendre au plus offrant sans haine et sans colère , d'être indifférent à la cause qui se présente , de se battre contre vous comme pour vous , moyennant une paie plus ou moins forte ? Et quel nom donner au métier d'assassiner de sang-froid , au nom de celui qui a accaparé le premier des meurtriers mercenaires ?

On n'avoit point encore vu dans l'histoire des hommes aussi pervers ; ils se louent à la face des nations pour exercer des massacres : les frères et les pères se

H 2

trouvent dans des régimens différens, et se chargent réciproquement.

Ainsi cette nation est en guerre avec le genre humain ; il ne faut que de l'or pour avoir ses enfans et leur courage. Sont-ils citoyens , lorsqu'ils désertent ? méritent-ils le nom de soldats , lorsque servant sous des drapeaux étrangers ils n'ont rien de commun avec la patrie qu'ils servent ou qu'ils attaquent ?

Ouvrez l'histoire , et cherchez chez les anciens s'il y a eu un peuple capable d'un tel outrage envers l'humanité. Eh ! quelle différence y a-t-il entre les dogues achetés, dressés pour la chasse, et ces hommes de sang ? Ils ne sont donc libres que pour être les gladiateurs de l'Europe ! Que ce privilège est honteux ! et combien il doit dèshonorer la nation inanimée qui ne sent point tout ce qu'il a de bas, de criminel, et de contraire même à la vraie richesse du pays !

Ce qui devroit éclairer sur l'inutilité de tout ce sang répandu dans les batailles, c'est qu'aucune grande puissance ne s'est véritablement enrichie de la désolation d'un peuple voisin. Tous les grands États

ont gardé à peu près leurs premières limites ; ils sont ce qu'ils étoient il y a plusieurs siècles , comme s'il étoit impossible
à un grand royaume d'en soumettre un
autre. La France, l'Espagne, l'Allemagne,
la Grande-Bretagne , les États du nord ont
leur même dimension ; il n'y a que la
Pologne qui ait subi un partage , encore
incompréhensible, quoiqu'il se soit passé
sous nos yeux ; mais peut-être qu'avant
un siècle la réaction aura lieu.

Si nous tournons nos regards vers les
nations asiatiques , nous verrons qu'elles
se sont battues sans se fondre. Il en est
de même des peuples afriquains. Ces
commotions sanglantes dérangent la politique des nations, mais ne leur ôtent ni
leur étendue ni leur caractère.

Je ne pardonne point à la géométrie
d'avoir présidé à la perfection de cet art
exécrable qui pointe des canons , et qui
enseigne mathématiquement la manière
la plus sûre de tuer la plus grande quantité d'hommes dans le moins de temps
possible. C'est donc à la géométrie qu'on
doit la découverte d'une évolution plus
meurtrière , et le triple chargement d'un

H 3

canon dans l'espace de douze secondes, ce qui nous met en état d'exterminer des milliers d'hommes en quelques instans.

Malheureux géomètres ! vous avez travaillé de sang froid à la solution de tels problêmes !

Annibal adolescent, à l'issue d'une bataille, voyant une fosse qui regorgeoit de sang humain, arrêta long-temps sa vue, et s'écria : *oh ! que cela est beau !* Le grand Condé (ainsi le nomme l'histoire et je la transcris) dit, en voyant vingt mille hommes couchés dans une boue sanglante, *une nuit de Paris réparera tout ceci.* Démétrius lui ressembloit : il assiégeoit une ville, et quoiqu'il n'espérât point de l'emporter, il faisoit donner un assaut chaque jour. Son fils lui ayant dit: Pourquoi, sans nécessité, exposer la vie de tant de vaillans soldats ? *Dois-tu le pain de munition aux morts ?* répondit le père. Voyez Plutarque, vie de Démétrius.

Voilà donc les guerriers ! Dieu !

C'est une contradiction bien singulière de l'esprit humain, que le droit des gens établi au milieu des horreurs de la guerre, que ces ménagemens pour des hommes

que l'on va massacrer le lendemain sans
pitié , ou qui vont vous égorger vous-
même. Leur mort est toujours résolue , et
l'on use de tolérance. Mais quoique ce soit
une contradiction , j'aime à retrouver ce
droit des gens : il met un frein aux barbares brigandages , si atroces, même dans
des soldats. Il ne console pas le philosophe , mais il lui fait jetter un soupir de
pitié sur l'inexplicable conduite des humains. Un trait de bienfaisance le touche
plus alors que les vertus exercées dans
la paix : il reconnoît l'homme, quoiqu'hor-
riblement défiguré ; il voit dans cette modération , dans ces traitemens humains ,
un principe généreux qui arrêtera les progrès de la haine. Les charmes de la con-
ciliation s'offrent à lui au milieu de l'airain
tonnant , qui bientôt va se taire à la voix
de l'aimable concorde. Le philosophe respire un peu , et semble alors plus disposé
à pardonner à la nature humaine.

H 4

N°. 16.

EMPRUNTS.

Un État emprunte pour *acquérir* ou pour *conserver*. L'emprunt pour *acquérir* a lieu lorsqu'un souverain fait l'acquisition d'une province, d'une ville, etc. Mais si, d'un côté, les potentats sont tous jaloux d'acheter et d'augmenter leurs possessions, de l'autre, par la raison des contraires, ils sont tous très-peu tentés de vendre. Ainsi on peut dire que ce genre d'emprunt est à peu près nul pour les États.

Mais il est une autre espèce d'acquisition qui peut encore nécessiter l'emprunt : ce sont les grands établissemens de commerce, les défrichemens, les desséchemens de marais, les canaux navigables, la construction de nouveaux ports qui appellent ou protégent le commerce.

Cette espèce d'emprunt, dicté par l'amour du bien public, est infiniment moins désavantageux que l'emprunt pour *conserver*, qui est toujours dicté par la né-

cessité , et qui emporte toujours avec lui
perte et dommage ; mais quoiqu'il ait le
bien pour objet , c'est toujours un emprunt, et on va voir que tout emprunt est
mauvais de sa nature.

Qui dit *emprunter,* dit appeler à son
secours : or, on n'appelle point au secours , qu'on n'en ait réellement besoin ,
et qu'on n'y soit forcé par la nécessité ,
sur-tout lorsqu'on veut *conserver* ce qu'on
possède. Tout emprunteur est donc dans
une position fâcheuse , et exposé à recevoir la loi de la part du prêteur , qui ne
se décide à rendre un tiers maître de sa
propriété , qu'en considération des avantages qui lui sont offerts. L'emprunt en
lui-même , est donc préjudiciable pour
celui qui le fait.

Tout État sage et ami de son bien ,
évitera donc toujours avec soin de recourir
à l'emprunt. Il répugne d'ailleurs que la
souveraine puissance, de qui toute loi doit
émaner , se mette dans le cas de recevoir
elle-même la loi , et de jouer un rôle si
peu fait pour sa dignité : son essence est
d'être souveraine et non pas sujette.

Mais n'est-il donc jamais permis d'avoir

recours à l'emprunt ? Je ne dis pas cela. La sagesse a condamné également tous les partis extrêmes, et son égide puissante ne réussit pas toujours à garantir les grandes nations des accidens, des revers, des désastres auxquels, malgré leur assiette superbe, elles ne sont pas moins soumises que de simples particuliers. Une guerre malheureuse entame les frontières; la peste et la famine, fléaux d'autant plus terribles qu'ils portent leurs affreux ravages d'une extrêmité de l'empire à l'autre; la mer en furie détruit des flottes formidables; la terre, ébranlée jusques dans ses fondemens, engloutit les villes les plus puissantes, et jusqu'à des provinces entières; Lisbonne, Messine, n'offrent que des ruines; le malheureux Calabrois cherche, au milieu des débris de sa patrie, les lieux qui l'ont vu naître... Pardon, ô puissance souveraine ! ô mère de la patrie ! pardon; mais il te convient alors de descendre de la majesté du trône, de solliciter, de presser, d'emprunter; mets ta couronne en gage; vas, ton sceptre en deuil, mendier des secours pour tes enfans, et l'univers tombe à tes

genoux; tant il est vrai que l'amour de
l'humanité sait ennoblir même les actions
qui paroissent les moins dignes de la majesté du trône! C'est ainsi que Marc-
Aurèle a mérité d'occuper une des premières places parmi le petit nombre des
princes qui ont été les bienfaiteurs, disons mieux, les pères du genre humain.

Il est donc permis de recourir à l'emprunt dans les grandes catastrophes où
les établissemens utiles à la patrie, avec
d'autant plus de raisons, que sa conservation ou son bien n'intéresse pas moins
la génération future que la génération présente; mais, excepté des circonstances
rares, le plus grand malheur qui puisse
arriver à un État, c'est d'emprunter, puisqu'il est certain que, s'il n'a pu subvenir
à ses besoins avant l'emprunt, il le pourra
beaucoup moins encore quand il aura
à faire la restitution surchargée de tous
ses intérêts. L'emprunt nécessite l'impôt,
et bientôt une nouvelle guerre, de
nouveaux accidens, trouvant les coffres
vuides, il faudra recourir à de nouveaux
emprunts, qui traîneront à leur suite des

impôts toujours plus accablans, et bientôt l'emprunt finira par dévorer l'État,
et la puissance elle-même.

Mais les funestes effets de l'emprunt
sont incalculables dans les monarchies ab-
solues. Les ministres, accoutumés à sortir
d'embarras par des emprunts, agissent
sans économie et dispersent ce qui leur
arrive par cette voie rapide : ils s'in-
quiètent peu du sort de l'État, qui, au
bout de douze ou quinze années, sentira
la surcharge, parce qu'ils ne font que
passer, et qu'ils transmettent le fardeau
à un autre, qui l'allégera à son tour par
des emprunts. Cependant la dette publique augmente, et les prêteurs, qui ont
de justes craintes de perdre leur argent,
se rendent plus difficiles ; il faut, pour
les tenter, leur offrir des intérêts plus
forts, et par conséquent d'autant plus
ruineux pour la nation. Les emprunts du
trésor, toujours affamé, rendent l'argent
rare, le commerce languit, et l'industrie
dépérit de jour en jour. Les traitans,
accapareurs des espèces monnoyées, font
des marchés avantageux pour eux et ruineux pour l'État : cette race avide se rend

la maîtresse des affaires, et tout s'avilit entre ses mains.

Mais ce qu'il y a de terrible à penser, c'est que le citoyen, en prêtant, augmente la force qui peut l'opprimer. Tous ceux qui prêtent leur argent deviennent les esclaves du trésor royal ; ils sont toujours tremblans, pour peu qu'il se vuide ou qu'il ne se remplisse point. Les particuliers n'ont plus que des biens imaginaires, qui n'existent qu'en idée, puisque le sol du royaume et ses productions n'augmentent point, et que cependant les prêteurs vivent aux dépens de ce même sol et de ses productions.

Un peuple qui prête à un souverain absolu est donc le peuple le plus inconséquent de tous les peuples; il ne raisonne rien, il ne prévoit rien. En prêtant son argent, il laisse écouler son énergie ; il perd son ressort, il remet imprudemment son or dans la même main qui déja tient le fer : aveugle! il se garotte lui-même de chaînes! Comment la cupidité peut-elle porter des citoyens à un résultat aussi déraisonnable? La fainéantise et la paresse saisissent bientôt le rentier, accumulant les intérêts de sa somme ; il devient étranger à toute activité industrieuse. Au lieu d'une ame citoyenne, il en prend une financière : bientôt chacun ne voit plus que soi ; l'amour de la patrie et du bien public s'éteint, et est remplacé par un vil et cruel égoïsme.

Il est rare qu'un État prête à un autre État : mais s'il le fait, il s'expose à une espèce d'esclavage. Quand Gênes prêta à l'Espagne, elle se vit forcée de recevoir la loi de cette couronne, et d'entrer dans ses vues ambitieuses et contraires à son propre intérêt. Si ce sont des particuliers étrangers qui prêtent, l'État emprunteur devient leur tributaire: ainsi la France paie tribut à ses voisins, à ses ennemis, et pendant la guerre elle voit sortir des sommes qui vont servir à alimenter la résistance de ses adversaires. Quelle singulière contradiction ! Eh! qui peut calculer ce qu'on perd en payant un ennemi en temps de guerre ! combien l'emprunt paroît alors sous un joug redoutable !

Après avoir humilié le citoyen sous un maître absolu, et d'autant plus fort qu'il est débiteur d'une foule de créanciers tremblans, il humilie le souverain, qui n'est plus le maître de ne pas prêter des forces à la puissance voisine qui écrase son royaume et ses sujets.

Tous les désastres politiques naissent pour ainsi dire de la facilité d'emprunter; n'est-ce pas elle qui multiplie les guerres, devenues bien plus ruineuses qu'autrefois? Sans la dangereuse facilité des emprunts, nous n'aurions pas éprouvé le quart de celles qui ont ravagé l'Europe depuis la découverte du nouveau monde; nous n'aurions pas promené nos fureurs par toute la terre. Sans les emprunts, la France et l'Angleterre, si riches de leurs propres fonds, se seroient-elles placées sur le bord du précipice? elles y ont été conduites par la main de leurs banquiers, car ces puissances auroient été forcées de jouir en paix des vrais biens que la nature s'est plu à leur prodiguer, si les emprunts n'avoient pas servi à leur fournir les moyens d'ensanglanter la scène du monde; elles étoient hors d'état de se choquer violemment, de s'écraser comme elles ont fait, si les emprunts n'étoient venu redoubler leurs forces et augmenter leur rage; car c'est un des bienfaits les plus signalés de la nature, d'avoir rendu si dispendieux l'art de s'égorger, et de l'avoir mis en quelque sorte au-dessus de la portée des peuples. Mais les emprunts donnent cent bras et cent mains au démon de la guerre : et deux peuples alors s'attaquent par tous les endroits possibles, et se font mutuellement tous les maux qu'ils peuvent se faire.

Je le demande, quelle nation auroit fait la guerre, s'il eût fallu attendre qu'elle eût été en état de la faire, et si elle n'en eût emprunté les moyens ? O spectacle déplorable ! des peuples criblés de dettes et de misère, ont la rage, malgré leur impuissance, de combattre les uns contre les autres, pour augmenter encore et leurs dettes et leur misère, car c'est à peu près le résultat de toutes les guerres; et quand ils sont trop pauvres pour s'exterminer, ils demandent à tous venans de l'or pour aller au loin acheter le malheur à grands frais !

C'est au moyen des emprunts que l'Espagne, la France et l'Angleterre se sont procuré les armes qui leur manquoient, et avec lesquelles elles se sont fait ces blessures profondes qui saignent encore, et qui

ne

ne se fermeront de long-temps. Ces trois belles puissances, privées de la facilité des emprunts, n'auroient pas été assez riches pour supporter le quart des coups dont elles gémissent; réduites à la paix, elles auroient joui de leur félicité locale : mais comme les batailles sont à prix d'argent, elles ont emprunté de l'argent pour les multiplier aux quatre coins de l'univers.

Les emprunts, après avoir donné la fièvre des combats à la génération présente, aliénent encore le bonheur de la postérité ; ils vont consommer la ruine de cette malheureuse race qui n'est pas encore née, et nous payons aujourd'hui pour l'orgueil belliqueux de Louis XIV. Nos neveux paieront pour nos nombreuses erreurs politiques, car nous leur transmettrons un héritage grevé de la manière la plus cruelle. Ce poids de dettes et de misères va donc retomber sur cette race qui n'existe pas encore, et anéantir les biens que la nature lui avoit préparés.

Qui ne voit que les emprunts, en écrasant la race actuelle, dont ils multiplient les guerres et les misères de toute espèce, conduisent la race qui va naître entre deux

Tome III.   I

précipices également dangereux , également
ment funestes; une ruine évidente , une
misère affreuse ou une banqueroute désho-
norante , dont les tristes effets influen
jusque sur les races les plus reculées.

Les emprunts sont donc également ennemis et de la puissance souveraine du
monarque et de la nation , puisqu'ils rendent une nation esclave , et de son or
qu'elle a prêté , et de celui qui l'a reçu.
En effet , les emprunts vont au détriment
de la société présente et de la future. Ceux
qui conseillent l'emprunt ou qui s'y prêtent , doivent donc être regardés à peu
près comme un pilote qui , pour éviter
l'orage, conduiroit son vaisseau au milieu
des écueils. Tout ministre qui n'aura que
cette facile et triste ressource , et qui ne
déployera pas d'autres talens, ne doit donc
jamais jouir d'aucune estime : il doit être
rangé dans la classe de ces hommes médiocres, qui ne sont montés aux grandes
places que pour répéter positivement dans
l'administration les fautes de leurs devanciers , et pour marcher dans les mêmes
voies de destruction , malgré la pureté de
leur théorie.

Il n'est personne qui ne sache qu'un
particulier qui a recours à l'emprunt finit
très-fréquemment par être écrasé. Le bi-
lan, le déshonneur, la misère, la fuite
ou la prison deviennent son partage; mais
enfin, s'il meurt insolvable, toutes ses
dettes s'éteignent avec lui; la mort, moins
intraitable que ses créanciers, lui donne
une quittance générale avec laquelle ses
cendres reposent en paix. Quant à ses enfans, s'il ne leur laisse rien, au moins ne
sont-ils pas tenus d'acquitter des dettes
qu'ils n'ont pas contractées. La loi a bien
voulu ici ne pas faire outrage à la nature,
en les dépouillant de la liberté que cette
mère tendre a donnée en propre à chacun
de nous.

Mais il n'en est pas ainsi d'un État, qui,
malgré son âge, est toujours jeune, toujours mineur, et qui n'a pas le triste espoir
de pouvoir mourir pour solder ses dettes.
Les générations qui ont prêté, celles qui
n'ont pu prêter ni emprunter, les ans, les
siècles ont beau rouler et disparoître, l'État
est toujours l'État, le sol toujours le sol,
la dette toujours la dette, tant qu'elle
n'est point acquittée, et non-seulement

les hommes, mais les animaux , mais les arbres, mais les champs, et jusqu'à l'air , sont débiteurs. Il y a plus , le créancier , s'il n'est étranger , se devient à lui-même son propre débiteur , puisqu'il faut qu'il verse dans le coffre, nommé *trésor* , s'il veut que le coffre le paie : lui et ses héritiers resteront attachés pendant des siècles, auprès du trésor public, et rien ne pourra absoudre ce malheureux coffre, car le créancier cesse d'être patriote ; et les prêteurs, toujours inexorables , ne s'embarrassent point du salut de la patrie , mais de la rentrée exacte de leurs rentes. La souveraineté , sans cesse occupée du soin de satisfaire aux créanciers, perd son caractère de grandeur, car elle est débitrice ; et comme elle ne peut pas jouir du privilége de se liquider , elle sera sans cesse subordonnée aux tourmens d'emplir le coffre royal , c'est-à-dire de fatiguer les peuples par des impôts. La puissance souveraine dès-lors est-elle une, entière, éminemment protectrice , et le gage de la félicité publique ?

Sans les emprunts, le riche possesseur du Pérou , le souverain d'un des plus beaux royaumes de l'univers , le fils de Charles-Quint n'eût pas été réduit à déshonorer son nom par une banqueroute, et à couvrir son diadême d'un *bonnet vert*. L'Espagne, jadis si redoutable, n'auroit pas éprouvé, depuis cette époque honteuse, un état de langueur et de détresse, si peu digne d'elle, si peu fait pour un des plus vaillans et des plus généreux peuples de la terre.

D'abord un État ne se détermine à emprunter que dans des temps de crise. La nation, qui en voit la nécessité, se prête volontiers à un léger impôt, devenu indispensable pour assurer le paiement du prêteur : on limite un temps pour le remboursement de la somme prêtée; mais ceux par les mains de qui passe l'or, trouvent toujours des moyens de ne pas s'en dessaisir , et la dette reste ainsi que l'impôt.

Si une nation étoit fortement instruite de ses vrais intérêts, elle veilleroit avec le plus grand soin à ces remboursemens, puisque tant que la dette existe, elle l'avertit qu'au premier événement on aura recours à un nouvel emprunt; c'est un thermomètre sûr qui ne peut tromper, et

I 3

qui dit au peuple : *il n'y a point d'argent dans le trésor public, puisqu'il y a une dette qu'on n'acquitte pas ; s'il survient une guerre, où en serez-vous ? ne serez-vous pas placé entre le marteau et l'enclume ? il faudra créer de nouveaux emprunts et de nouveaux impôts ; ainsi, d'encore en encore, on surchargera la nation.* Mais une nation est une nation, comme un vaisseau est un vaisseau, comme un mulet est un mulet ; lorsqu'on est une fois parvenu à leur donner une certaine charge, tout ce qu'on ajouteroit en sus ne serviroit qu'à couler l'un à fond, et à écraser l'autre. Les terres d'un État n'ont qu'un certain rapport ; l'industrie d'une nation ne va que jusqu'à un certain point, et quand on veut aller au-delà, on est bientôt convaincu qu'elle n'a point la vertu de changer tout en or ; *est modus in rebus, sunt certi denique fines, etc.*

Une nation n'est point une éponge, mais quand bien même elle le seroit, tout le monde sait qu'en la pressant on parvient à la dessécher. Les extrémités, c'est-à-dire le peuple, sont les premières épuisées, et le centre (ou les grands), quoique toujours gonflé, ne contient bientôt que du vent. On se tromperoit étrangement si on prenoit cette apparence d'embonpoint pour un embonpoint réel, ce seroit imiter les compagnons d'Ulysse, qui ouvrirent les outres donnés par Éole, et qui furent rejettés dans les parages qu'ils venoient d'abandonner. La multitude d'impôt est comme la multitude d'hommes qui se nuisent les uns les autres, en voulant tous passer en même temps pour arriver au même endroit dans le même moment.

On peut donc considérer l'emprunt, comme le fléau le plus calamiteux des États modernes; qui jamais l'a bien compris? sans doute ce n'est pas vous, ô! ministres qui n'avez cherché qu'à *sortir d'affaires* dans le moment, et qui avez pris sous un titre spécieux ce qu'on vous auroit refusé sous un autre : vous vous êtes retranchés derrière des illusions passagères, et vous avez escamoté la renommée avec une adresse qui pourra embrasser le cercle de votre vie; mais le jour terrible de la vérité viendra, et vous serez repris de n'avoir su administrer que des palliatifs trompeurs et dangereux : votre dissimula-

tion aura même hâté le point de gangrène,
car le désastre de l'emprunt n'a peut-être
jamais été connu, faute d'avoir été suivi
dans sa marche et dans ses progrès. Quel
vaste champ s'ouvre devant moi! que ne
puis-je !..... mais il faut tenir en main le
remède avant de montrer toute l'étendue
du mal.

N°. 17.

DE LA DISSOLUTION DES ÉTATS.

LES grandes sociétés périssent malgré
tous les ressorts de la politique, et l'appui des vrais patriotes. Mais ces révolutions seront tardives, quand des principes
vigilans accompagneront les grands États.
Ils doivent tomber, parce qu'à des causes
accidentelles il se joint d'autres causes
secrètes que la nature ménage pour renouveller la face de la terre. Quand il
n'y auroit que la déclinaison du plan de
l'écliptique, dont la combinaison avec la
force centrifuge fait circuler la face de
l'Océan autour du globe, qui ne voit
que les conquêtes de la mer soumettront

successivement aux flots les climats les
plus habités.

Tel est l'effet du bras qui règle tout,
qui ramène tout par un cercle inévitable,
au point d'où il étoit parti.

Les trop vastes États se partageront
nécessairement en deux ; les États pro-
portionnés auront une durée relative à
leurs sages limites.

Ici la société se désunit sans éclat par
le relâchement ou par l'extinction du caractère national imprudemment blessé par
des administrateurs ineptes ; là elle périt
dévastée par les barbares, ou mutilée par
les conquérans. Ainsi le chêne antique,
qui a vu tant d'oiseaux nichés et mourir
dans son feuillage, tombe, se dessèche
à son tour, et se résout en poussière.

Les grandes sociétés ont leur enfance
et leur décrépitude ; mais les politiques
pourront distinguer si elles sont dans le
feu de la jeunesse ou dans le refroidisse-
ment de la vieillesse, car dans la jeunesse
elles agissent par un sentiment vif sans
beaucoup disserter, dans la vieillesse elles
dissertent beaucoup et agissent peu.

Mais on parle souvent de la dissolution

des États , lorsqu'il ne s'agit que de la dissolution de la dynastie régnante. Qu'un empire soit morcelé , il n'est pas détruit pour cela ; les avantages que la nature lui a donnés subsistent ; le nombre des habitans est le même ; leur industrie , leurs talens leur demeurent ; la bonté du sol , son étendue , sa position n'est pas anéantie par le conquérant. Si le corps politique ne figure plus orgueilleusement, quelquefois les sujets y gagnent ; les bras qui formoient le colosse des armées retournent à la culture des terres , et plusieurs peuples ont gagné en jouant un moindre rôle sur le globe.

La fausse image qui compare les États au corps humain , a fait concevoir le mot *dissolution* comme le plus grand danger qui puisse arriver à un peuple. On va jusqu'à parler des maladies chroniques d'un empire : ces figures bizarres entraînent les idées les plus fausses et les plus puériles ; tant que le sol existe , le peuple et le corps politique existent sous une autre dénomination. Un état ne meurt point : il change de maître et de nom. Si l'on écoutoit quelques publicistes , le physique

des empires dépendroit des maisons ré-
gnantes ; la nature ne seroit rien , et la
souveraineté seroit tout. Parce qu'il n'y
a plus d'empire romain , l'Italie est elle
détruite ? Si l'ancien territoire de la Pologne a trois maîtres , le bled a-t-il cessé
de croître en Pologne ? Parce que les Colonies sont séparées de l'Angleterre, l'Angleterre a-t-elle éprouvé les transports ,
les délires et la fièvre qui suivent un bras
coupé ? Quand une famille change de
nom , les individus sont-ils autres ?

Les tremblemens de terre , le fer devas-
tateur , voilà ce qui dissout les États.
Les Barbares ont véritablement effacé
les empires , parce qu'ils se sont mis à
la place de ceux qui les occupoient , encore ont-ils été obligés de conserver d'un
côté , en détruisant de l'autre.

Mais tant que les sociétés humaines gar-
dent leurs loix , leur institution , leur
opinion , leurs mœurs, qu'importe que le
gouvernement soit détruit ? il s'en formera
bien vîte un autre moins brillant , mais
plus heureux. Le monarque peut perdre
son pouvoir et la nation y gagner. L'action et la réaction perpétuelle des êtres

physiques amènent nécessairement des
commotions plus ou moins considérables ;
mais tant que le sol ne sera pas condamné
à la stérilité, les êtres moraux survivront
à ces secousses passagères, et les grands
chocs des nations, en ébranlant les trônes, ne peuvent rien contre l'immobilité
des États, si des révolutions physiques ne
se mêlent point aux révolutions politiques.

La nature a voulu que les sociétés humaines fussent à l'abri des caprices sangui-
naires des souverains. Ils peuvent les partager ; mais leur destruction n'est point
soumise à leur autorité. Ainsi la dissolution des États est une vraie chimère. Ils
changent de nom et de forme ; et quand
une force étrangère viendroit les démembrer, si les institutions, les mœurs subsistent, l'indépendance ne sera pas consi-
dérablement altérée.

La vraie dissolution de l'État, c'est
quand les citoyens, détachés les uns des
autres, ne ressentent plus l'affront ou l'injustice faite à l'un d'eux ; c'est quand ils
cessent d'avoir les yeux attachés sur les
opérations publiques ; c'est enfin lorsqu'ils
parviennent à se mépriser eux-mêmes.

Alors le danger est imminent, parce que toutes les volontés sont usées : mais ce désastre n'arrive point parmi les peuples éclairés et qui communiquent au moyen de l'imprimerie. Les peuples peuvent quelquefois mépriser l'autorité, mais ils ne se méprisent jamais eux-mêmes ; ils ne perdent point de vue leurs administrateurs ; ils les célèbrent ou les flétrissent : tant que les différens corps de l'État luttent contre l'avilissement, il n'y a rien de perdu. Les hommes ne sont anéantis que lorsqu'ils cessent de figurer parmi les êtres moraux. Quand ils sentent leurs chaînes, il n'y a plus d'esclavage, et l'insurrection n'est pas éloignée.

Le citoyen a raison de souffrir plusieurs maux, plutôt que de courir les dangers d'une rupture dangereuse ; mais il est un point où, quand une nation éclairée a fait un pas, elle ne recule jamais.

Il est des changemens que la nature amène par une marche inévitable. Ainsi les anciens empires qui reposoient sur le globe il y a trois mille ans ne subsistent plus aujourd'hui, par la même raison que les montagnes ont changé de forme

et de hauteur. Tout le génie des législa-
lateurs, toute la prudence des souverains,
ne pourront empêcher les nations d'exposer un jour, aux regards de l'univers, des
ruines imposantes ; mais du moins il y
aura vénération pour une puissance qui
n'est plus, quand ses loix auront été sages
et grandes : on les méditera et l'on pro-
noncera avec respect le nom du législateur
qui n'aura cédé qu'au vainqueur de toutes
choses, au temps.

N°. 18.

QUESTION POLITIQUE.

COMMENT le peuple est-il si admirable
pour élire, et comment est-il presque nul
pour agir ? Le ministère entier n'est jamais
corrompu chez le peuple ; le génie de la
multitude ne forme pas des scélérats. Le
peuple ne laisse pas surprendre son estime ;
il faut au moins le masque des grandes
vertus. Ainsi, dans les États libres , la
confiance et la gestion des affaires ne s'ac-
cordent qu'à des hommes célèbres. Voilà
pourquoi les États enfantent un plus grand

nombre d'hommes extraordinaires que l'État purement monarchique : dans les troubles inséparables du gouvernement républicain , l'ame est fortement agitée , l'imagination impérieusement dominée ; c'est un rayon de lumière ajouté à l'estime que porte l'homme à sa conservation.

Mais lorsqu'il faut que cette multitude agisse , l'amour de la patrie occasionne une vertu brillante , capricieuse , très-propre à produire la confusion ; de sorte que malgré l'héroïsme , il manque d'un point d'unité. Les États libres sont faits pour défendre et non pour attaquer.

N°. 19.

DU CLIMAT.

LE gouvernement fait plus ordinairement que le climat ; mais le gouvernement ne doit point le contrarier, car alors il se briseroit sur le caractère national.

Les animaux et les végétaux sont modifiés suivant les climats, mais c'est le gouvernement qui imprime toutes les idées morales. Il peut faire naître le courage et la vertu sous toutes les latitudes, mais en même-temps il doit reconnoître l'influence du climat quant aux mœurs et aux habitudes.

Le climat des Égyptiens, des Grecs d'autrefois, n'a point changé; un gouvernement barbare a fait des Égyptiens et des Grecs des espèces de barbares.

Eh ! comment la constitution de l'Angleterre, en prenant racine dans les îles britanniques, n'auroit-elle pas donné une singulière énergie à ces Anglois autrefois si patiens sous le joug du despotisme, autrefois si superstitieux, et qui devenoient la proie du premier conquérant ?

La politique peut donc travailler les peuples les plus ingrats et les plus rebelles; elle peut les métamorphoser, car les hommes bien gouvernés cesseront d'attribuer au climat ce qui étoit le vice du gouvernement; ils sont ennoblis ou dégradés par les vertus ou par les fautes de leurs chefs, et les vices d'une nation accuseront toujours ses administrateurs.

Si l'influence du climat se fait sentir sur le gouvernement ou sur la législation, c'est plutôt sur les hautes montagnes que

par-tout

par-tout ailleurs : un air plus transparent,
plus pur, des plantes d'une grande vertu,
impriment aux habitans la force de l'ame
et la tranquillité de l'esprit, sans déroger
à la finesse des sens et du jugement.

Chez ces peuples, la puberté est plus
tardive ; ils ne connoissent point les maux
attachés à l'incontinence. Un gouvernement tempéré semble naître de lui-même
parmi ces hommes dont le sang circule
avec lenteur, et qui portent en eux-mêmes
un rempart invincible contre l'intempérie
des passions.

Ajoutez que les montagnards sont religieux : on diroit que l'aspect des grands
objets qui les environnent les porte à
l'adoration, et que ces énormes sommets,
en rendant témoignage à la puissance qui
les créa, écartent loin d'eux la triste et
froide incrédulité ; plus près du ciel, ils
paroissent en recueillir les faveurs avec
plus de reconnoissance. Leur liberté, pré-
parée des mains de la nature, leur devient
plus précieuse, et ils s'attachent à ces
sommets de neige et de glace qui les garantissent de la tyrannie : ainsi ils trouvent dans la structure de la terre, le gage

de leur félicité, toujours prêts à rouler
leurs rochers sur la tête des habitans de
la plaine qui voudroient interrompre leur
bonheur ; leurs précipices sont leurs remparts ; leurs troupeaux, leurs richesses ;
le laitage, leur nourriture ; l'égalité, leurs
loix ; l'adoration de l'Être suprême et la
charité, leur religion : ils sont dans l'heureuse impuissance d'entendre les cathé-
chismes de nos théologiens.

Les glaces éternelles dés lacs transpa-
rens qui ajoutent à la majesté du paysage,
impriment dans leurs cœurs les sentimens
chastes qui se refflètent sur leur teint
frais et vermeille.

Les passions libidineuses n'ont point
défiguré ces visages calmes où se peint la
sérénité, et pour tout dire, la physionomie humaine.

Les spectacles dont ils jouissent sont
tranquilles, frappans, dignes du sanctuaire de la nature ; c'est le cri des aigles,
c'est le fracas des cascades écumantes, qui
tombent, qui bondissent, et qui emplissent
l'oreille d'un bruit majestueux. Leurs cabanes, où règnent l'innocence, la liberté,
plantées sur des escarpemens, sur des

rocs et des ruines, semblent dire qu'un peuple innocent et rare a succédé à un monde coupable et englouti pour régénérer la terre et la couvrir d'une génération douce et heureuse.

Ces montagnards, familiarisés avec ces grands objets, ne les admirent pas toujours, mais ils s'en occupent quelquefois; ils ont, à coup sûr, des inclinations analogues au climat sur lequel ils vivent.

On dit que les Japonois, qui ont sur la tête un ciel toujours troublé par l'ouragan et par les tonnerres, conçoivent des passions excessives, sont véhémens et cruels, et que la vengeance et la justice se confondent éternellement à leurs regards; leur ame est ébranlée par leurs penchans, comme leur sol l'est par les volcans, et tandis que leurs rivages sont tourmentés par les secousses d'une mer orageuse, des idées non moins impétueuses agitent leurs cerveaux.

Voilà les phénomènes dans l'ordre politique : je suis loin de les nier ; mais je crois en même-temps que la sage et heureuse constitution du gouvernement refrénera toujours les passions tumultueu-

K 2

ses , et les enchaînera à l'ordre public ;
car je crois plus à l'influence du gouvernement qu'à celle du climat , malgré quelques exceptions qu'on ne sauroit contre-
dire , mais il faudroit expliquer ces faits
par les causes véritables : or , ces causes
sont loin de nous , trop loin de nous pour
être saisies avec une certaine justesse , il
faut donc consentir à les ignorer !

L'influence du climat se fit encore sentir dans les plaines fertiles de la Mésopo-
tamie , qui ressembloient à celles de l'É-
gypte. Un grand nombre de fleuves entre-
coupent ce pays , et ne permirent pas
d'abord à la population de s'étendre. Les
fleuves se débordoient , coupoient toute
communication , et l'art de garantir le
pays de ces inondations étoit encore inconnu. Chaque peuplade , séparée l'une
de l'autre , fut obligée de se choisir un
chef dans cet espace resserré. C'est à cette
origine qu'il faut rapporter le grand nombre de princes qu'on trouve dans les fastes
du premier monde.

Cette foule de petits princes devoient
se diviser par la grande contrariété de
leur but et de leurs intérêts , et se fondre

ensuite sous un seul monarque ; c'est ce qui arriva.

Les monarques assyriens, voulant étendre leur empire, conçurent le projet de relever le courage du peuple par le goût des plaisirs, pour lesquels il avoit un penchant décidé. Les monarques établirent la capitale de l'empire comme le centre de la luxure et de la débauche. Ce moyen eut tout le succès qu'ils pouvoient en espérer. L'autorité des rois d'Assyrie étant celle de la molesse et de la volupté, fut la plus longue et la plus paisible de toutes. Les sensations agréables, diversifiées par le secours des beaux arts, enchaînent toutes les facultés de l'homme ; dès qu'il a bu une fois dans la coupe de la volupté, il croit suivre l'instinct de la nature ; il contracte l'habitude la plus forte et la plus invincible des plaisirs, et les affections les plus déréglées ne lui semblent plus que des actes ordinaires. La dépravation des mœurs publiques est la ruine totale des vertus fermes et courageuses. Le voluptueux est l'homme du repos ; il frémit à l'ouïe du terme fatigue ; il est incapable d'endurer le travail patriotique ;

il ignore, et il veut ignorer, l'époque de la décadence d'un État.

Le goût des plaisirs étant devenu le sentiment le plus répandu parmi les Assyriens et les Babyloniens, et la fertilité du terroir favorisant leur luxe, les monarques d'Assyrie se gardèrent bien de troubler la tranquillité de leurs sujets par des attentats révoltans; ils les endormirent dans la volupté, mais sans les jetter en même-temps dans l'avilissement et dans l'opprobre; car si le peuple veut bien être amusé, il ne permet pas qu'on le dégrade. Les rois d'Assyrie ne voulurent qu'amollir la nation et mettre leurs sujets dans l'impossibilité de remuer.

Quand le dernier roi d'Assyrie, dédaignant la politique de ses prédécesseurs, fit un affront au corps de la nation mède et babylonienne, alors les Arabes et les Bélésis plantèrent leur étendard sur les murs de Ninive, pour laver l'outrage dans le sang du monarque; car il ne faut pas trop irriter un peuple voluptueux, il ne gardera pas plus de mesures dans sa haine que dans ses autres penchans déréglés. Les monarques babyloniens qui succédèrent, ne défendirent point les plaisirs et les aisances de la vie à un peuple ami de la licence, et ces monarques qui exigèrent le culte divin, et qui donnèrent tant d'ordres extravagans, furent tolérés par la nation à laquelle il étoit permis de se livrer sans réserve à tous les caprices et à toutes les recherches d'une vie voluptueuse.

No. 20.

RELATION D'ÉTATS VOISINS.

LES corps politiques ont connu l'assistance mutuelle; dans des temps de calamités, Londres a relevé Lisbonne, la France a nourri l'Italie. Depuis un siècle, les plus heureux secours ont volé chez la nation qui imploroit, dans sa détresse, une nation voisine ou même éloignée. Ces offices d'humanité, qui tranchent avec la plus sévère politique des cabinets, consolent l'ami du genre humain, et lui font présumer que la loi naturelle deviendra un jour la loi politique. Eh! quelle source de bonheur pour les nations, pour les corps de société qui existeront dès-lors entr'eux, ainsi que les individus humains!

K 4

Cette image est si touchante qu'elle semble éloigner les grands fléaux de la nature, la famine, la contagion, les discordes insensées et civiles.

Ces devoirs respectifs, peu connus des anciens, mettent toute nation sous la protection de l'État voisin, et garantissent un pays dévasté, d'une ruine totale.

Oh! si ces aimables préceptes de la nature recevoient un plus grand développement! Si les nations, qui se communiquent déja leurs lumières, se communiquoient également leurs bras, comme on pourroit espérer avec le temps, qu'une paix profonde régneroit sur la terre, et qu'une reconnoissance mutuelle, à l'aspect de ces fruits disséminés, ne permettroit plus à la guerre de pointer sa lance homicide!

L'Europe deviendroit une grande république ; au lieu de cette ferveur à haïr, on reconnoîtroit l'essence de l'homme et sa noble nature, puisqu'il est un être intelligent et sensible, et qu'il a droit d'exiger d'autrui l'action qu'il demande. Sa conservation et sa perfection dépendent de ces relations importantes, et l'a-

mour du devoir consiste à ne vouloir que
le plus grand bien de ce qui existe.

N°. 21.

FORCE DE L'ENSEIGNEMENT.

POURQUOI les bramines ont-ils eu tant
d'empire sur les Indiens, les druïdes sur les
Gaulois, le clergé sur la France? c'est qu'ils
formoient toute la partie enseignante : ils
instruisoient le peuple de ce qui concerne
la religion et la morale, et de l'éloquence
qui la distribue.

Les bramines exercent encore de nos
jours la médecine; ils sont habiles dans
la science des nombres, et calculent les
éclipses du soleil et de la lune; ils font les
règles les plus fortes de l'arithmétique
sans plume, sans crayon. C'est par leurs
connoissances qu'ils sont infiniment res-
pectés de toute la nation et qu'ils jouissent de grands priviléges.

Les ecclésiastiques ont long-temps présidé, en France, à l'éducation; ils tenoient tous les colléges, ils occupoient
toutes les chaires. Les sciences et les arts,

à certaines époques, se seroient perdus sans eux ; ils ont obtenu leurs grandes prérogatives des services rendus à la nation par leurs fonctions religieuses et morales ; tandis que tout le reste de la terre étoit plongé dans l'ignorance, il a bien fallu leur accorder le respect que l'homme ne refuse point aux lumières, c'est-à-dire à la partie qui enseigne.

Tous les livres instructifs et touchans nous ont été conservés d'âge en âge par les prêtres, véritables législateurs au milieu des siècles barbares ; et quand les philosophes sont venus, ils n'ont été, dans l'enseignement, que les successeurs des hommes attachés au sacerdoce, et les restaurateurs d'opinions où le faux et le bizarre étoient mêlés au vrai et à l'utile.

La partie qui enseigne n'a plus le *même nom ;* ses priviléges ne sont pas aussi étendus, mais son pouvoir est réel. Tous les esprits sont attentifs à ses décisions, et les hommages se tournent vers ceux qui répandent de toutes parts les idées saines et salutaires. Si le sacerdoce et certains hommes de génie sont aujourd'hui en guerre, c'est que ceux-ci disputent au premier sa prééminence.

Chez les Perses, les mages formoient la partie la plus précieuse, celle qui donnoit l'instruction, les arts et la sagesse au peuple. Les mages subsistent encore ; les grands écrivains les représentent.

Les Péruviens étoient plus instruits que les Tartares ; aussi étoient-ils cultivateurs : ils avoient des vues industrieuses. Le culte du soleil produisit chez eux les vertus sociales, la joie, la sérénité de l'esprit, tandis que l'apothéose des hommes n'engendroit ailleurs que la haine et l'humeur farouche.

La loi de Moïse, qui défendoit de manger des animaux immondes, étoit relative au climat et conforme aux loix de la nature.

Numa fit passer ses institutions par la bouche de la nymphe Égérie. Lycurgue atteste que ses loix ont été dictées par l'oracle de Delphes. Lorsqu'il s'agit de rendre les hommes meilleurs et plus heureux, la politique peut s'aider d'un stratagême innocent, pourvu qu'il ne soit ni dur, ni farouche. Comme le premier besoin de l'homme est une sage législation,

quand les hommes ne peuvent être conduits à la sagesse qu'en passant par le
vestibule de l'extravagance, il faut bien
les y conduire.

Le sage Lock, devenu le législateur de
la Caroline, mit sous la protection des
loix tout homme qui auroit inscrit son
nom dans le registre d'une communion,
quelle qu'elle fût, et jetta ainsi dans le
Nouveau-Monde les premiers fondemens
de la tolérance.

Le Lycurgue américain, Penn, au lieu
de prendre possession du nord de l'Amérique en l'inondant du sang des indi-
gènes, acheta, des naturels du pays, le
terrein qui lui avoit été donné par la couronne d'Angleterre : il s'acquit la confiance de ces hordes sauvages et fit voir à
l'univers, dans la Pensylvanie, le modèle
d'un gouvernement fondé sur la justice.
Quelle force d'enseignement!

Moïse chez les Hébreux, Mercure Tri-
mégiste chez les Égyptiens, Solon à
Athènes, Lycurgue à Lacédémone, Ana-
charsis chez les Scythes, Numa Pompilius
chez les Romains, ont donné des loix aux
hommes, et ces loix, si l'on peut parler

ainsi, sont encore soumises, de nos jours, aux discussions les plus réfléchies.

Pourquoi donc, dans ce siècle de lumières, un souverain ne s'empareroit-il pas de ce genre de gloire le plus fait pour commander l'admiration et le respect aux générations futures? Plusieurs bonnes loix sont toutes faites, il ne faut plus que savoir les appliquer avec discernement.

No. 22.

DE L'EMPEREUR DE LA CHINE.

L'EMPEREUR de la Chine jouit d'un pouvoir illimité; toute puissance réside en lui et en lui seul; son empire est le plus vaste de l'univers; il exige une autorité analogue à son immensité, et capable de tout maintenir dans l'ordre. L'empereur de la Chine dispose seul de toutes les charges de l'État; il a le droit de choisir un successeur à son gré, tandis que dans d'autres États monarchiques, l'héritier présomptif est déjà une espèce de souverain.

Voilà bien la volonté du despote dans

toute son étendue ; eh bien, voici la réaction. Les mandarins lettrés partagent avec l'empereur la vénération du peuple. Les mandarins lettrés ont la faveur et la préférence sur les mandarins d'armes, parce que la Chine a encore plus besoin de loix et d'instructions que de soldats. L'administration intérieure roule sur eux ; ils obtiennent les hommages publics, la morale étant la base de la politique chinoise : ce systême de gouvernement a donné aux lettrés une prépondérance qui régit l'administration publique. Ces lettrés forment un tribunal qui a inspection sur tout l'empire, et qui fait à l'empereur les remontrances les plus fortes et les mieux écoutées. Si le monarque en frappe un, il les frappe tous, et leur voix s'élève et retentit dans l'empire, et ne s'éteint que quand le monarque a obéi aux loix. Le tribunal de l'histoire s'empare de l'héritier du trône, et toujours incorruptible, il intimide l'empereur en tenant en main le burin inflexible de la vérité ; de sorte qu'il n'a d'autre parti à prendre que de respecter les loix nationales, car toute infraction est consignée dans l'histoire ; et jusqu'à la persécution qu'il voudrôit intenter pour les punir de leur noble emploi.

Ce gouvernement n'est donc pas soumis au joug honteux du despotisme, comme je vais le démontrer.

A la Chine, la plupart des impôts se paient en denrées : deux cents millions d'hommes ne paient qu'environ un milliard de notre monnoie. La France en paie plus de la moitié et n'a que vingt-cinq millions d'habitans. Le cadastre des terres existe depuis long-temps à la Chine, malgré la prodigieuse étendue de cet empire.

A la Chine, le trésor public n'est pas entre les mains de l'empereur, il est confié à la garde d'un tribunal souverain. On sent quelle différence cette garde met dans le pouvoir : ôtez aux monarques de l'Europe la faculté de disposer librement du trésor public, ils n'auront plus de soldats pour opprimer.

L'empereur de la Chine vit sur ses biens patrimoniaux, consacrés à l'entretien de sa maison ; car il ne touche point aux revenus de l'État, qui sont déposés dans le trésor public, pour le paiement régulier des troupes et des officiers de l'empire.

Quelle sagesse dans cette adroite sépara-
tion !

L'empereur est riche en bestiaux. La
Chine a à se préserver du fléau de la famine ; ainsi l'empereur est agriculteur,
fermier, et par-tout la culture est en honneur; car il faut nourrir deux cents millions d'hommes. Voilà pourquoi l'empereur est obligé, chaque année, de donner
publiquement l'exemple du labourage,
en conduisant lui-même la charrue et en
traçant un sillon. Les Chinois cultivent
jusqu'au fond des eaux et des lacs ; les
jardins publics abondent en plantes aqua-
tiques, qui sont des mets encore inconnus
à notre industrie.

Que devient le despotisme légal, amphi-
gouri des économistes? on pourroit dire tout
au plus, et dans de très-rares circonstances,
le despotisme vertueux ? Quant aux mots
abusifs, *père du peuple*, ils dérivent évidemment de l'autorité patriarchale, convenable
aux sociétés primitives et peu nombreuses:
mais dans les grands États, une famille
immense ne peut regarder un roi comme
un père ; car ce père châtie souvent ses
enfans d'une manière très-dure, et leur
demande

demande de l'argent pour les gouverner.
Là le monarque est une pièce essentielle
et indispensable dans la machine du gouvernement et rien de plus, sauf ses qualités personnelles, qui peuvent être agréables ou utiles à quelques particuliers ;
mais aucun individu, de quelque génie
qu'il soit doué, n'a pu et ne peut avoir
soin paternellement de plusieurs millions
d'hommes.

L'abus des termes dénature la science
de la politique, et on l'anéantit par ces
images fausses qui obscurcissent les idées
saines.

De même, si le grand-seigneur coupe
des têtes, ce sont des têtes de pachas, ce
sont des têtes domestiques. Le sujet mu-
sulman n'est point à la merci du maître ; la
moindre atteinte à la propriété du peuple
le soulève, et occasionne une révolte.

Si le sultan exerce un pouvoir absolu,
il n'est point légal ; les loix de l'empire
turc restreignent son pouvoir ; voilà ce
qu'il faut répéter pour les ignorans et
les lâches qui se consolent de plusieurs
vexations en disant : c'est bien pis en
Turquie.

Tome III.   L

Il faut beaucoup de loix de police, mais il faut très-peu de loix politiques ; toutes ces opérations, faites à grand bruit avec tant d'appareil, ne font que troubler les États ; ce sont les loix de police, les loix municipales qui entretiennent la vie. Les défenseurs paisibles des fortunes et de l'honneur de leurs concitoyens, les organes de la justice qui la font régner, voilà les racines qui nourrissent l'arbre, voilà ce qui soutient le vaste empire de la Chine, et défend à son empereur d'abuser du plus grand pouvoir confié à un mortel.

N°. 23.

DE LA MULTITUDE.

IL faut que le peuple, dans un État quelconque, s'intéresse au gouvernement, car c'est-là le moyen le plus sûr de l'attacher à l'État, et de le porter aux plus grands sacrifices, lorsque l'ordre public le requiert ; mais il répugne à tout esprit sensé que le peuple soit l'exécuteur de ses propres volontés.

Le peuple connoît les hommes, et son choix, pour certaines magistratures, est ordinairement heureux, mais en même-temps ses décisions à main armée sont toujours dangereuses. Les mouvemens du peuple portent ou le caractère de la langueur, ou celui de l'audace. On connoît les excès féroces auxquels le peuple s'est porté à Athènes et à Rome.

J'ai vu dans les petites républiques de la Suisse, la qualité de *bourgeois des villes* inspirer un orgueil insupportable à des individus ineptes et grossiers, et ce ridicule fanatisme se propager parmi ces petits habitans, au point qu'ils se croyoient forts et redoutables, et que n'ayant aucune connoissance de ce qui les environnoit, ils puisoient dans l'ivresse, et le verre à la main, tout leur courage, et sur-tout toutes leurs études. Le petit bourgeois, en Suisse, est toujours prêt à devenir féroce, parce qu'il est infatué de quelques priviléges au point de les métamorphoser en souveraineté absolue. Ce peuple n'est pas loin de crier : vive notre ruine et périsse notre prospérité.

Que le peuple ne soit donc jamais

pouvoir exécutif, quoique toute souveraineté émane de lui : il peut jouer quelquefois le rôle de vengeur, mais le comble du malheur seroit de voir le peuple
revêtu d'un pouvoir exorbitant, les suites
en sont toujours funestes : il ne faut pas
être grand politique pour prédire que
toutes ces petites républiques ou princi-
pautés de la Suisse seront ruinées par
l'insolence et l'ineptie orgueilleuse des
bourgeois des petites villes et sur-tout des
capitales. Ils s'opposent à toutes améliorations, et repoussent tout avantage politique.

La démocratie pure est le pire des gouvernemens : si elle convient à un petit
peuple isolé, pauvre et presque nu, elle
détruit tout germe d'émulation ; toute assemblée partielle devient un foyer de
contradictions. Quand on veut être libre
contre les loix, il n'y a plus de liberté.
La démocratie enfante une anarchie affreuse ; c'est un vrai chaos où il n'y a plus
ni ordre ni subordination.

C'est le petit nombre qui doit régir le
plus grand, ainsi que l'ame invisible
meut le corps humain. Si l'on change

demain ce qu'on établit aujourd'hui, rien ne sera stable ni permanent.

Un gouvernement populaire est tumultueux, indiscret, lent ; car le peuple ne connoît pas ses véritables intérêts ; il lui faut des représentans.

Les malheurs de la démocratie pure sont presque incurables. Les gens d'une basse naissance sont ordinairement plus violens, plus emportés, plus intraitables que les hommes nés dans un rang supérieur. Le peuple qui prend l'indépendance pour la liberté tombe bientôt dans le délire.

N°. 24.

SÉNAT.

UN seul homme, un Frédéric a pu porter un État à un haut degré de grandeur ; mais il meurt, et le ciment qui en lioit toutes les parties se dissout avec le corps du souverain.

Un sénat toujours subsistant, animé d'une politique sage et profonde, tel que le sénat de Rome, élève un empire

L 3

d'une très-petite étendue à une hauteur
de force et de puissance qui en impose.
La politique appartient plus à un corps
qu'à un seul homme, et dans tous les
temps, dans tous les lieux (a dit un pu-
bliciste) la nature humaine, mise en action sous le gouvernement de plusieurs,
a fait des prodiges, et s'est élevée au
maximum de sa force et de sa dignité.

Le caractère des peuples change et dépend beaucoup du gouvernement. Voyez
les Grecs modernes, qu'ont-ils de commun
avec les anciens ? Jadis les Espagnols
furent guerriers, les Anglois superstitieux, les Bataves soldats intrépides, les
Parisiens graves et sérieux. Quand le
peuple a perdu tous ses droits à l'administration publique, peu lui importe alors qui
le gouverne. Les Romains, familiarisés
avec la servitude, refusèrent la liberté
que Trajan leur offroit.

Mais si le caractère d'une nation se
change, il n'est pas anéanti; il retient
constamment et après plusieurs siècles ce
qu'il tient du climat et de l'atmosphère.
Le caractère d'un peuple peut reprendre
tout d'un coup son antique énergie; et

c'est ce que les restaurateurs des États, s'il se trouve des hommes dignes de ce nom, ne doivent jamais oublier. L'arbre assujetti pendant plusieurs années par des cables, se redresse et reprend sa courbure.

Il est donc important d'étudier le caractère national et de ne le point briser ; car si on le prive de son originalité, on lui ôte sa force et ses vertus particulières.

En marchant avec le caractère ou le génie national, l'administrateur habile s'épargnera beaucoup de soins et de travaux ; mais il ne faut pas prendre les apparences pour la réalité. Le vrai caractère des nations doit être médité dans leur foyer, et l'on découvrira le vrai lorsqu'on mettra de côté ces jugemens répétés de livres en livres, qui dans l'origine n'étoient qu'une opinion, et qu'on regarde comme des vérités à la troisième génération.

C'est cette étude qui constitue le politique sensé. Jamais il ne voudra forcer le goût national. Il faut des siècles et les efforts suivis d'une éducation différente, pour ôter à une nation des choses qui la flattent et qui lui plaisent.

Une république ne lancera point un dé-

L 4

cret qu'il ne soit à l'avantage de tous. Un
tel corps ne sauroit agir contre lui-même :
il réfléchit, il embrasse l'avenir comme le
présent ; les individus se succèdent ; mais
dans l'état monarchique , le chef qui doit
passer attire à lui ce que ses forces lui permettent d'attirer avant qu'il descende au
tombeau ; il meurt, autre forme.

L'empire de Rome avoit pour ses limites , du côté d'orient, le fleuve de
l'Euphrate, du côté de l'occident la mer
Océane, du côté du midi les régions d'A-
frique , du côté du septentrion le Rhin
et le Danube.

Ce peuple, qui couvroit le globe connu ,
avoit commencé par être pauvre ; mais il
n'y a rien de plus dangereux qu'un peuple
pauvre et belliqueux ; n'ayant rien il se
met à enlever le bien d'autrui : ainsi commença Rome. Ce peuple dut ses maximes
ambitieuses à sa pauvreté. Riche , il n'auroit pas eu cet esprit de conquête, et l'esprit de la constitution romaine n'eût pas
été une ambition ouverte et démesurée.

Le grand principe de confédération,
chef-d'œuvre de la politique du sénat, leur
ayant réussi en Italie, ils le mirent en usage

dans les *Gaules*, en Espagne, en Afrique, dans la *Grèce* et l'Asie.

Leurs alliances furent aussi savantes que leurs conquêtes, et la science de négocier surpassa chez eux l'esprit militaire.

Saisissant toutes les occasions qui leur paroissoient propres à capter l'esprit d'un pays, ils finissoient par s'en mettre en possession.

On les vit tomber, avec toutes les forces de l'Italie, sur chacun des peuples qu'ils voulurent dépouiller; ils les soumirent par le soin qu'ils prirent de fomenter un parti, de l'unir à leurs intérêts et d'intimider le reste de la nation.

Aucune nation ne fut capable alors d'éclairer la conduite des Romains, de contrebalancer cet esprit d'ordre et de combinaison qui régnoit dans tous les arrêts du sénat, tandis que ce peuple avoit les yeux ouverts sur ce qui se passoit en orient et en occident.

Annibal, par sa grande pénétration, fut le seul homme qui connût à fond les principes de la politique romaine ; détachant les colonies de la grande Grèce des intérêts de la république, il l'attaqua avec

ses propres armes, et mit Rome à deux
doigts de sa perte. Chassé d'Italie et relé-
gué à Carthage, il unit encore les plus
grandes puissances contre les Romains.
Ce seul adversaire leur fit plus d'ombrage
que le reste du monde.

N°. 25.

DE LA HAUTE ÉLOQUENCE.

Que ces grandes et augustes assemblées
nationales, où l'on traitoit des grands intérêts, renaissent parmi nous, et l'on en-
tendra l'éloquence des beaux siècles de
l'antiquité retentir de nouveau. Les grands
objets élèvent et agrandissent l'esprit.
Nous avons de très-belles harangues pro-
noncées dans les États convoqués sous
Charles VIII : un noble sujet commande
le talent ; la gravité, la noblesse sortent
des idées patriotiques, comme les fleuves
majestueux qui arrosent la terre sortent
des entrailles des hautes montagnes. L'au-
diteur fait l'orateur ; jamais l'ineptie et la
pusillanimité n'oseront parler en présence
d'une auguste assemblée, de ce qu'elle

ne sent point, de ce qu'elle n'entend
point. Les harangues politiques se com-
poseront parmi nous du soir au lendemain,
dès que les circonstances nous permettront
ce noble essor ; enfin, notre frivolité dis-
paroîtra, dès que la cause importante se
manifestera, et les orateurs, les écrivains
monteront alors tout naturellement au
ton qu'ils doivent prendre.

Le despotisme n'est qu'une dégénération
de la monarchie ; mais pourquoi a-t-elle
dégénéré ? c'est que le monarque, amas-
sant des richesses, et gagnant beaucoup
d'autorité, sur-tout quand son règne devient long, essaie sa force, et dit d'abord,
je *veux*; et ensuite, si la nation ne conserve pas le même nerf, il frappe, mais
si la nation manifeste sa virilité et non sa
décrépitude, le monarque recule, et puis
il parle de sa clémence paternelle.

Jamais ce qu'on appelle despotisme ne
s'est établi qu'après un laps de temps, et
lorsque des attributions insensibles eurent
formé entre les mains du monarque une
masse de richesses, et conséquemment
d'autorité; car quand le monarque est
riche, il devient bientôt le seul riche, et

il est heureux quelquefois, pour la liberté des peuples, que le monarque éprouve de ces besoins pour lesquels il sollicite l'amour et l'attachement de ses sujets.

Ce qui retient la monarchie dans ses justes bornes, c'est une assemblée nationale (1), parce qu'elle balance d'elle-même toutes les parties du gouvernement; parce qu'elle est intéressée à maintenir l'équilibre. Le monarque devient le centre où toutes les volontés aboutissent. La puissance législative se séparant de la puissance exécutrice, donne aux loix une majesté intéressante. Alors le monarque devient vraiment utile à la monarchie, parce que le tiers-état, élevant une voix libre, déchire le voile qui déguisoit la plus vicieuse et la plus dangereuse de toutes les aris-

_____

(1) Ceci a été imprimé mot pour mot en 1787, et je suis le premier auteur, je pense, chez qui l'on trouve *Assemblée nationale* pour désigner le vrai caractère qu'il convenoit d'imprimer à ce qu'on appeloit *états généraux*. Ma dénomination antérieure même aux *notables* a donc fait une grande fortune; je le dis sans vanité, mais je ne puis me dissimuler ce que j'ai fait d'heureux en faveur de ma patrie.

tocraties. Le monarque cesse de prêter son nom à une multitude de loups affamés, qui déchirent l'État et son domaine pour en partager entr'eux les lambeaux ; le nom du monarque devient plus saint, plus vénéré, quand rassemblant autour de lui tous les ordres de l'État, il parle au nom de cette volonté générale qui ne sauroit être mauvaise, et qui est faite pour réparer les plus grands maux.

Alors le monarque détruit son plus grand adversaire, ce monstre affreux qui se cache derrière son trône, dont la gueule est un gouffre insatiable, dont les griffes sont ensanglantées, et qui, semblable à ces figures mystiques, qui nous effrayent dans l'Apocalypse, porte écrit en diamans, sur son front, *intérêt personnel*. Le monarque, aidé de son peuple, a tué le monstre qui ne paroissoit soumettre au frein sa tête horrible, que pour mieux dévorer la puissance du maître.

A la Chine, les visiteurs impériaux parcourent les provinces, en questionnant le peuple, pour savoir si on continuera tel mandarin, ou si on le punira. Dans les diètes d'Allemagne, on entend non-seu-

lement le collége des électeurs et celui des
princes, mais encore celui des villes libres,
qui parle par ses représentans.

La Suède, dans les Assemblées nationales, compte *l'ordre des paysans.* Nos
pères eux-mêmes, jusqu'à Louis XIII,
ont cru que le peuple pouvoit occuper une
place dans les États généraux.

On connoît le pouvoir de la chambre des
communes en Angleterre, l'esprit populaire couvre la Hollande et la Suisse ; les
vastes colonies américaines ont adopté un
gouvernement diamétralement opposé au
despotisme. Eh! pourquoi diroit-on, après
tant d'exemples, que les républiques forment une exception dans l'ordre des gouvernemens ?

L'homme marche à la tête des œuvres
de la création ; ses rapports avec la nature et la société sont immenses ; ses sensations le font dépendre de ce qui l'environne, et delà vient son desir de connoître. La curiosité est le ressort caché qui
a présidé à la formation des premiers arts ;
au défaut des besoins physiques, le besoin moral d'échapper à l'ennui qui le conduiroit à développer le mécanisme de sa

main flexible. La finesse et la perfection
de ses sens lui commandent le travail;
son intelligence, par sa faculté de repro-
duire les impressions de ses idées, de les
associer, de les comparer, ne lui permet
pas de laisser sa mémoire, son imagination, sa sensibilité, dans une inaction
absolue; l'ennui l'en puniroit. Il est fait
pour la vie de la société, pour son mouvement et pour apprendre que nul être
n'est isolé dans la nature, que tous les
hommes sont liés entr'eux, et se font sentir leur action mutuelle.

De ce rapport découlent les loix naturelles, le fondement de toute législation;
il faut donc que l'homme connoisse ces
loix pour les suivre; il faut qu'il s'ins-
truise, qu'il s'éclaire sur ce qui est le plus
propre à établir l'autorité publique. La
même loi qui l'oblige à se préparer une
douce existance lui commande le bonheur d'autrui, pour que le sien soit plus
vif, ou ne soit pas troublé.

Comme c'est l'intelligence qui sépare
l'homme des animaux, c'est sur-tout par
la parole qui a formé tous les établisse-

mens et qu'il les conduit vers la perfectibilité ; car l'homme est né pour toujours
s'avancer, pour faire naître de nouveaux
rapports entre lui et l'universalité des
êtres ; il s'empare du passé et profite pour
alonger la chaîne des vérités présentes
et futures. Ainsi, l'état de nature pour
l'homme est l'état de la société, puisque
tous les penchans, toutes les affections
naturelles l'y portent, puisque l'agriculture est la vraie destination de l'homme,
et que sans elle il ne sauroit changer une
terre sauvage, triste et morte, en des
champs fertiles et rians : c'est par l'agriculture qu'il se soumet les animaux, qu'il
les dirige, les forme, les fait changer de
climats, et presque de nature, dispose de
leur vie, et se rend leur dépouille utile;
par l'agriculture, il a changé lui-même
de goûts, de besoins, il a étendu son
pouvoir et ses idées.

Ce n'est point comme chasseur, mais
comme agriculteur, qu'il sent que tous
les hommes sont unis par les liens de la
fraternité. En effet, dès que les cabanes
sont plantées, que la peuplade est formée,

un

un instinct secret et puissant unit tous les individus, tous s'y soumettent ; l'effet le prouve.

Les sociétés qui méconnoissent ces liens primitifs, s'en punissent elles-mêmes ; celles qui s'y soumettent sont heureuses, et font, même sans le savoir, le bonheur de l'espèce humaine ; car vous aurez beau étendre en idée un royaume, toutes ces portions d'un État immense, subdivisées jusqu'aux moindres villes, ne seront que des provinces particulières du vaste empire de la nature.

Les sociétés primitives ont leur origine dans la société domestique. Celle-ci a donc droit au repos, à la tranquillité ; car il seroit affreux que la législation humaine fût au-dessous des grossières loix de la nature : l'asyle, le dernier asyle ne devroit jamais être violé. Le dépôt des générations futures et les enfans appartiennent à la mère, et le père leur appartient. La femme, par sa destination, par ses foiblesses, par ses facultés, par ses devoirs, doit être sédentaire : la propriété personnelle est la propriété inaliénable ; rien ne doit

Tome III. M

inspirer plus d'indignation que les loix qui violent le dernier asyle, et qui , pour de misérables deniers , saisissent le ci- toyen , le père de famille ; car la société civile, formée pour protéger la propriété, ne peut l'attaquer dans l'homme sans aller contre son but. La société ne peut être considérée comme séparée de ses membres; tout attentat sur celle-ci, de quelque nom qu'on le décore, tend à la détruire : ainsi , la prison pour les dettes civiles paroît l'outrage le plus sanglant au pacte primitif; c'est l'avarice qui l'a inventé et qui le maintient. Quand un homme n'a plus rien au monde, il s'appartient à lui-même, et la loi qui rend ses bras oisifs s'oppose à tout dédommagement; elle est tout à la fois erronée et cruelle.

A mesure que le temps apporte du chan- gement dans les choses, on doit apporter du changement dans les loix. Tout néces- site aujourd'hui un corps de législation neuf à plusieurs égards, parce que nous sommes à ce point de force, de civilisa- tion et d'expérience absolument néces- saire pour produire un pareil ouvrage. Il est temps d'abolir parmi nous ces coutumes diverses, toutes gothiques, minutieuses, discordantes et embarrassantes.

Les loix doivent être grandes, claires, peu nombreuses; s'il s'agit des propriétés, il faut les rendre indépendantes, afin que le propriétaire les estime et les soigne davantage. Il faut qu'on puisse les transmettre avec facilité, afin que la circulation des richesses s'établisse, et que l'amour du travail, toujours mis en jeu, naisse de la possibilité d'acquérir. S'il s'agit des personnes, il faut le plus grand respect pour l'homme.

Voilà les objets intéressans qui se recommandent à ceux qui sont nés pour la haute éloquence, ou qui, au défaut de la naissance, ont reçu du ciel le talent de parler dignement sur les matières politiques

No. 26.

IGNORANCE.

Quoi de plus ridicule, que de voir un pape excommunier ceux qui croyoient

aux antipodes, et un autre pape donner d(
pays, dont il ne connoissoit ni la positio
ni l'existence, à deux nations qui ne le
connoissoient guère mieux.

Lorsqu'il fallut croire enfin à l'existenc
d'un nouveau monde, on ne voulut pa
que ceux qui l'habitoient fussent des hon
mes ; on les rangea dans la classe de
ourangs-outangs ou de grands singes ; (
la conscience des Européens étant en pai
par cette belle distinction, ils alloient à l
chasse de ces animaux à figure humaine
comme à celles des bêtes sauvages : voil
ce que produisit l'ignorance.

L'opposition est dans les paragraphe
suivans.

Ce n'est que parmi un peuple libre e
éclairé qu'on voit naître un docteur *Tur
nebull*. Animé par cette passion bien su
périeure à celle de la gloire (par l'amou
de la liberté), Turnebull voyoit avec peine
les descendans des Spartiates, des Athéniens, sous le joug des Turcs. Que fait-il
il conçoit le projet généreux d'ôter les fers à
ces malheureux Grecs, pour les transplanter sur un terrein libre. La Floride, cédée
par l'Espagne à l'Angleterre, lors du traité

de paix de 1763, devint le champ où il voulut rallier ces malheureux Grecs, et leur offrir la liberté dont ils jouissoient anciennement. Turnebull vole chez eux, leur offre de les transporter à ses dépens en Amérique, de leur acheter un terrain, de leur fournir des vivres, des instrumens. Mille grecs esclaves acceptent ces offres généreuses, s'embarquent, traversent les mers, arrivent et fondent une ville, autour de laquelle s'élève insensiblement une colonie qui ne tarda pas à ressentir les avantages inappréciables de la liberté.

Jamais une pareille idée ne seroit tombée dans la tête d'un espagnol, d'un françois, d'un allemand, livrés à de fausses idées politiques. Il falloit connoître l'enthousiasme qu'inspire la constitution libre pour s'attendrir sur les chaînes que portent aujourd'hui les Grecs, et pour devenir généreux à leur égard d'une manière si neuve et si rare.

Bénézet, quaker, parle contre l'esclavage des nègres; il prêche par-tout pour leur liberté, il convertit d'abord quelques-uns de ses compatriotes; ceux-ci en conver-

M 3

tissent d'autres à leur tour : l'affranchissement des nègres retentit sur les pas de cet
apôtre de l'humanité qui parcourt tous les
États-Unis , qui réveille dans le cœur des
hommes ses vertus qui dorment , mais qui
ne demandent qu'à être mises en action.
Bénézet prouve aux Américains qu'ils ga-
gneront à l'anéantissement de ce trafic
scandaleux , et qu'étant devenus libres
par la protection visible du ciel, les Américains sont destinés à régénérer la dignité
de l'homme. A la voix de cet orateur vertueux, l'affranchissement des nègres s'é-
tend parmi toutes les sectes , au milieu
de tous les États. Ceux qui ont tardé à s'é-
mouvoir publient les loix les plus sé-
vères contre l'esclavage des nègres , et ne
craignent point de désavouer leur ancienne barbarie. Ainsi un seul homme ,
par la majesté de la cause qu'il défend ,
par son but noble et généreux, prend un
ascendant invincible sur sa nation, sur
son siècle , peut-être sur le monde entier,
car les Européens ne pourront entendre le
nom de *Bénézet*, ni lire le code humain
des États-Unis en faveur des noirs, sans
respecter des vertus si nouvelles , qu'ils

admireront du moins s'ils ne peuvent les atteindre.

La partie qui enseigne secondera toutes les vues utiles et généreuses ; mais au lieu de forcer le gouvernail dans la main des hommes d'État bien intentionnés , et de précipiter une entreprise dont la maturité ne garantit pas encore le succès , elle armera la voix du sentiment , et portera les yeux des colons américains sur les vertueux et pacifiques habitans de la Pensylvanie.

Une voix simple et éloquente montrera la fertilité qui couronne des terres cultivées par des mains libres , des propriétaires heureux et florissans , qui n'ont plus à rèdouter la rage sourde et les ténébreuses vengeances de l'esclave , dont l'œil baissé cherche l'herbe empoisonnée avec laquelle il réagit contre un pouvoir arbitraire.

Elle fera voir des maîtres humains, qui partageront avec leurs serviteurs les fruits précieux de la mère commune, sans être moins riches, et sur - tout sans avoir le cruel besoin d'étouffer chaque jour leurs remords renaissans ; car je me plais en-

core à le croire, le remords perce de son
trait inévitable le tyran qui, ayant fait
l'homme esclave, et dégradé l'humanité
entière en sa personne, s'approprie jusqu'à ses enfans, et enchaîne, dans son
inconcevable empire, la race née et celle
qui doit naître.

N°. 27.

De la Ligue.

Comme aucune ligue n'est comparable
aux confédérations qui se formèrent dans
les troubles du royaume contre le vil Henri
III, et contre Henri IV, dont les qualités n'étoient pas encore connues depuis
1576 jusqu'en 1593, on nomme particulièrement *la ligue*, les combats qui résul-
tèrent de la sainte union qui, sous le prétexte de la religion, ne fut au fond qu'une
lutte entre la tyrannie et la liberté. Ce qui
le prouve, c'est qu'un article de l'acte de
la confédération qu'on signoit en entrant
dans la ligue, étoit et faisoit espérer à
tous les ordres du royaume de voir rétablir les *libertés, franchises* et *priviléges*

dont les provinces et la noblesse jouissoient *sous le règne de Clovis*. Portons
un jour nouveau sur cette intéressante
partie de notre histoire. Je n'en connois
point de plus propre à nous éclairer sur
ce qui se passe aujourd'hui ; c'est le même
peuple, c'est son même génie, c'est sur-
tout son même courage , et les faits offrent
d'ailleurs des rapprochemens curieux.

Cet amour de la liberté, qui agitoit nos
ancêtres, fut gâté par la théologie ; les
argumens de la Sorbonne émoussèrent les
piques du patriotisme. Profitons des fautes
de ceux qui nous ont précédé ; ne nous
abusons point par des mots, et n'oublions
pas sur-tout que les rois ne deviennent
jamais plus puissans qu'après que la nation a été agitée par des dissentions domestiques et violentes : on verra quelles
furent les suites funestes des préjugés de
nos braves ancêtres. Préservons-nous de
tomber dans le même précipice en prenant des termes fantastiques pour des réa-
lités.

La guerre civile n'est jamais si dangereuse dans une monarchie que dans une
république ; la guerre civile dans une mo-

narchie commence toujours par détruire quelques usurpations et nombre d'abus : un peuple se relève par la voie des armes, et une ou deux victoires remettent les loix en vigueur; une république en proie à la guerre civile offre des oscillations éternelles.

Toute nation est comme une vaste mer, dont les flots conservent encore une certaine agitation après même que les vents ont cessé de la soulever : les idées de la ligue, de la fronde, ont reparu avec tout l'éclat qu'une raison plus perfectionnée, mieux éclairée, devoit apporter chez un peuple formé, et leur triomphe est dû à la maturité des esprits; ils ont eu le temps de connoître et de sentir tous les désastres attachés à une monarchie non limitée.

A quoi tenoit-il alors que la France ne prît une autre forme et une tout autre combinaison ? Tous les esprits étoient ardens et fiers à l'excès, avoient une volonté forte et déterminée. Tous les bras étoient vigoureux et armés; la force, l'opiniâtreté, l'enthousiasme, tout annonçoit la vie du corps politique. Pourquoi cette force immense ne fut-elle pas dirigée, dans ce siècle de superstition, par des idées saines et des principes restaurateurs de la liberté ? Pourquoi un peuple a-t-il épuisé sa constance pour des chimères, au lieu de conquérir des avantages réels, et qui étoient alors en sa puissance ?

Ainsi, par une opposition fatale et trop bien marquée dans l'histoire, le courage et les lumières se rencontrent rarement ensemble (1). L'intrépidité soutenue appartient à tel siècle, et ce n'est qu'une force aveugle qui se meut au hasard. Les idées politiques et justes naissent dans un autre siècle, et les bras sont énervés, amollis, les ames foibles, dégradées, sans vigueur et sans caractère.

Les temps de nos guerres civiles sont ceux où, malgré le fanatisme, le philosophe aime a reconnoître du moins des ames fortes, hardies, passionnées, et il regrette alors que ces rares vertus de l'homme n'aient pas été appliquées avec plus de dis-

---

(1) L'immortelle année 1789 a donné un heureux démenti à ma première proposition ; car j'écrivois tout ceci, mot pour mot, en 1781.

cernement à des causes vraiment grandes, patriotiques et dignes de sa valeur.

Ainsi le fanatisme de ce siècle doit être doublement en horreur aux philosophes, en ce qu'il a corrompu ce qu'il y a souvent sur la terre de plus utile à un peuple opprimé et généreux ; la guerre civile. Nos voisins sont sortis triomphans, avec la liberté, de ces mêmes guerres où s'agitoient leurs nobles courages. L'Angleterre, la Hollande, la Suisse, etc. ont racheté de leur sang les droits de l'humanité ; et nous, après tant d'efforts, de combats, lorsque ces mêmes convulsions révéloient la force des individus et le tempérament robuste de l'État, las, affaissés, retombant sur nous-mêmes, nous avons ployé sous le joug de Richelieu vingt-deux ans après tant d'exemples de fermeté et de constance. On s'étoit égorgé pendant trente-cinq ans pour des illusions ; et la nation ayant l'épée au poing, ne sut ni connoître ni raisonner ses vrais intérêts politiques.

Remontons à l'origine de cette ligue fameuse qui pouvoit régénérer l'État et ne fit que le troubler, qui fut d'abord instituée par les plus sages motifs et dégé-

néra par le fanatisme des prêtres (1), qui
eut de grands hommes et de véritables patriotes pour appui, et qui ensuite se perdit
honteusement dans l'absurdité des querelles théologiques. Tâchons de découvrir
ce que les historiens timides, prévenus
ou adulateurs, ont craint d'exposer. A
un certain éloignement, les vraies causes
des évènemens disparoissent, et l'on ne
voit plus que les couleurs prédominantes
qu'il a plu à certaines plumes trompées ou
vénales de donner aux objets. Appuyons-
nous sur les faits ; cherchons sur-tout
quelle étoit alors la disposition d'esprit des
peuples : elle laisse une empreinte visible,
et la vérité nue à une énergie qui lui est
personnelle.

L'administration paternelle de Louis XII
fut malheureusement de courte durée. Malgré plusieurs fautes politiques, il laissa
le royaume riche, bien cultivé, et la culture est le gage le plus assuré de l'heureuse population. En jettant les yeux
sur son successeur, ce bon roi, dont on

_____

(1) Ainsi en 1790 ils ont gâté, dénaturé, et réduit
à zéro la révolution commencée du Brabant.

doit bénir la mémoire, et qui se connoissoit en hommes, s'écrioit en soupirant :
*Oh ! nous travaillons en vain; ce gros
garçon nous gâtera tout.* Il ne prophétisa
que trop bien. François Ier. n'eut aucune
des qualités nécessaires pour gouverner
un État. Il en eut même de funestes. Une
bravoure déplacée, un esprit dissipateur,
une présomption orgueilleuse, du goût
pour une domination arbitraire, un faste
prodigue, une avidité coupable séparèrent
dès-lors les intérêts du prince de ceux de
ses peuples. Son amour pour les arts tenoit
plutôt à la passion du luxe qu'à celle de
l'humanité; et ce ne sont pas, en effet,
les tableaux, les statues, les palais, la musique, les vers et les chansons, jouissances
particulières des exacteurs et des dépré-
dateurs publics, qui établissent le bonheur
d'une nation. Les écrivains eux-mêmes se
sont trompés trop fréquemment à ces mar-
ques équivoques.

Mais la postérité de François Ier. n'oc-
cupa le trône que pour en être l'opprobre.
Quatre règnes détestables et successifs,
marqués par tout ce que le crime et le vice
ont de honteux et de funeste, écrasèrent

le royaume ; et dans l'espace de quarante-
deux ans, ce ne fut qu'un enchaînement
de violences, de cruautés et de perfidies.
La mollesse de Henri II et son abnégation
devant la duchesse de Valentinois et ses
favoris ; la puérile foiblesse de François II
aux genoux des princes de Guise et de
leurs créatures ; la férocité et la démence
de Charles IX (1) ; les débauches infâmes
de Henri III, ses viles superstitions, ses
profusions immenses ; tous ces rois pervers dégradèrent la majesté royale, la nation françoise et l'humanité. Ils offrent
à la main équitable de l'histoire une physionomie propre à y graver la honte ; car

---

(1) Le massacre de la Saint-Barthelemi fut le
crime du trône ; ce crime fut médité pendant sept
années entre les deux cours de Charles IX et de Philippe II. Charles IX a signé le massacre de la Saint-
Barthelemi dans l'âge où les plus mauvais rois ont eu
des vertus et de la sensibilité ; il a tiré sur ses propres
sujets, et de coupables historiens ont voulu l'excu-
ser sur son âge et le plaindre. Ce qui prouve qu'il
n'étoit que barbare et non superstitieux, c'est qu'il
avoit donné des ordres exprès pour sauver les jours
d'*Ambriose Paré*, son premier chirurgien. Sa raison
étoit, qu'il ne falloit pas ôter la vie à un homme
qui pouvoit lui conserver la sienne.

elle doit une flétrissure particulière à ces grands ennemis de la patrie, qui la déchirèrent du haut du trône.

Catherine de Médicis avoit, pour étendre son autorité, d'un côté le poison, et de l'autre une troupe de filles galantes pour corrompre, énerver les princes de la cour, et attirer à elle tous les secrets; elle cherchoit la pierre philosophale avec ses sorciers et ses souffleurs; et non moins avide de fouler le peuple avec ses traitans italiens, elle envoyoit le roi faire enregistrer au parlement les édits que cette infâme troupe avoit fabriqués. Le roi alloit, avec une sorte d'intrépidité, affronter la haine et le mépris des peuples.

Les hommes sont bien patiens, mais à la fin, quand ils sont trop outragés, ils se réveillent de leur léthargie, deviennent furieux et réagissent contre un pouvoir tyrannique. Les désastres publics prouvent toujours que le gouvernement est très-mauvais. Tous les ordres de l'État, également mécontens, se soulevèrent à la fois. Voilà ce qui donna de la force et du caractère à la ligue naissante; et je crois découvrir sa véritable origine dans l'extrême

trême malheur des peuples. Différens pré-
textes échauffèrent sans doute les esprits ;
mais tous parurent se réunir contre le
trône. Les vrais motifs des guerres civiles
ne furent pas la *défense du catholicisme.*
Il faut lire, dans les écrits du temps, de
quelle haine juste et violente on étoit animé contre les enfans de Catherine de Médicis, et les plaintes aiguës qu'on jettoit
de toutes parts. Le peuple apperçut alors
le duc de Guise, brave, généreux, magnanime, populaire, gémissant sur son
oppression, le consolant, le soulageant ;
on le vit comme le protecteur de la nation
et le réclamateur de ses droits oubliés.

Il y avoit le parti des *politiques*, qui,
pour être le moins nombreux, n'en avoit
pas moins d'influence sur les esprits : tous
les protestans non fanatiques, tous ceux
qui pensoient, furent de ce parti qui tendoit réellement à la réforme des vexations
émanées du trône ; le duc d'Alençon se
mit à la tête ; le roi de Navarre et le prince
de Condé, réputés catholiques, se rangè-
rent sous le même étendard ; plusieurs
hommes vertueux, distingués par leurs
lumières, embrassèrent ce parti, et no-

Tome III.

tamment le sage et brave Lanoue, qui, d'après des conseils mûrement pesés, fit recommencer la guerre civile. De quelque manière enfin que l'on envisage la ligue dans ses commencemens, on ne peut la considérer que comme un combat entre la tyrannie et la liberté.

La preuve la plus authentique, c'est qu'en un instant tout devint soldat en France, d'un bout du royaume à l'autre. Paysans, bourgeois, artisans, tous se jettèrent avec ardeur dans cette guerre civile; ce qui démontre que les hommes étoient parvenus à ce dégré d'impatience de leurs maux, où, las de souffrir, ils tranchent leurs liens avec le glaive. On les vit échanger leur vie contre le seul espoir du soulagement (1).

_____

(1) Tandis que le peuple se soulevoit en France, les religionnaires des Pays-Bas, partisans généreux des droits de l'homme, commencèrent les attroupemens. On les appella d'abord des *gueux*, et ces gueux bravèrent Philippe II et fondèrent la république de Hollande. Ils prirent pour *médaille* une petite écuelle, attribut ironique.

Ainsi l'aristocratie a nommé *sans culottes* les patriotes; et ceux-ci s'assimilant aux *Grecs* et aux

Quand vous verrez la tyrannie, l'insurrection n'est pas éloignée. Nous ferons
quelques réflexions sur la guerre civile.
C'est la plus affreuse de toutes, sans doute;
mais c'est la seule, peut-être, qui soit utile
et quelquefois nécessaire. Quand un État
est parvenu à un certain degré de dépravation et d'infortune, il est agité de mille
maux intérieurs. La paix, qui est le plus
grand bien, lui est échappée, et cette paix
ne peut plus être malheureusement que
l'ouvrage de la guerre civile. Il faut alors
la conquérir les armes à la main, pour rétablir l'équilibre. La nation qui sommeil-
loit dans une action molle, sentiment ha-
bituel de l'esclave, ne reprendra sa grandeur qu'en repassant par ces épreuves terribles, mais propres à la régénérer. Ce
n'est qu'en tirant l'épée que le citoyen
pourra jouir encore du privilége des loix;
privilége que le despote voudroit ense-
velir dans un éternel silence.

Deux nations voisines et égales en force,
qui se font la guerre, ne gagnent, après

—————————————————

Romains, tous gens sans *culottes*, ont promené
des *culottes*.

N 2

de longues secousses, qu'un épuisement
mutuel. Elles se choquent d'une manière
toujours funeste ; elles sont dans l'impuissance de se fondre l'une dans l'autre, et
la guerre conséquemment ne fait qu'accroître et irriter leurs blessures. L'auteur
de l'*Esprit des loix* dit que la vie des États
est comme celle des hommes. Deux nations armées se font donc des maux irréparables, et le sang est versé dans d'inutiles batailles. Mais la guerre civile est
une espèce de fièvre qui éloigne une dangereuse stupeur et raffermit souvent le
principe de vie. Les intérêts de cette guerre
sont toujours évidemment connus ; chaque
esprit les discute, et après les attentats tyranniques, elle devient même inévitable,
parce qu'elle rentre alors évidemment dans
le cas de la défense naturelle, et que chacun est appellé à soutenir ses droits. Une
criminelle neutralité devient même impossible aux moindres citoyens. L'ambition,
la folie, la vaine gloire, des conventions
de famille, des traités obscurs ou bizarres,
des intérêts presque toujours étrangers aux
peuples, font les autres guerres. La guerre
civile dérive de la nécessité et du juste

rigide ; le droit incontestable étant violé, la guerre réparatrice devient légitime, parce qu'il n'y a plus d'autres moyens pour la partie lésée. Cette guerre, que j'appellerois (1) sacrée, est donc vraiment entreprise pour le salut de l'État. Quand aux suites, rarement sont-elles funestes à ce même État. Les nations sortent redoutables de ces débats intestins. Les lumières politiques sont plus répandues, les bras plus fermes et plus exercés. La fureur et la violence de cette guerre la rendent même de courte durée ; elle ne connoît pas ces temporisations cruelles, dictées par des chefs tranquilles au fond de leurs cabinets ; elle ne connoît pas ces reprises qui éternisent les combats, et font couler goutte à goutte le sang des hommes. Le sang coule à propos et élancé de veines généreuses ; la querelle est promptement vuidée ; l'état tombe ou est réparé.

Voyez l'histoire ; presque toutes les guerres civiles, en élevant les ames, en fortifiant les courages, en répandant la

_____

(1) *Si le ciel la permet, c'est pour la liberté.*

VOLT.

N 3

vertu belliqueuse dans tous les esprits, en les échauffant pour la patrie, ont amené la liberté républicaine ; les loix étouffées renaissent parmi le bruit des armes. Chaque individu stipule hautement pour ses propres intérêts, et la nation armée pour la grande cause du rétablissement de ses droits, lève une tête florissante et en impose à ses voisins lorsqu'on la croit ensevelie sous ses ruines ; la nation charge la victoire du soin de l'absoudre des mots de *révolte* et de *rebellion,* que prononcent dans leur impuissance les tyrans et les esclaves.

C'est ce qui est arrivé dans l'empire romain, en Angleterre, en Hollande, et dans tous les États qui jouissent aujourd'hui de quelque liberté ; c'est ce que nous ne tarderons pas à voir en Amérique, où se jettent les fondemens d'une république nouvelle et vaste, qui deviendra l'asyle du genre humain, foulé dans l'ancien monde. Toutes ces secousses politiques ont produit par-tout des changemens heureux ; mais par une exception fatale, la France n'a point recueilli le fruit de ses longues discordes. C'étoit le moment pour elle, après tant d'instabilité, de prendre une forme permanente : elle étoit dans une crise où tout annonçoit la vigueur et la force ; mais les personnages de la guerre civile, et même les corps assemblés, en s'agitant de tant de manières, ne surent point faire un seul pas vers la liberté. Indifférens, ou plutôt aveugles sur leurs intérêts, les peuples ne surent ni les connoître, ni les étudier, ni même les deviner par instinct ; instinct qui a appartenu aux nations les plus grossières, capables des plus grandes choses dans des temps encore plus ténébreux. J'ai cherché vainement, dans les écrits de ce temps-là, si je ne rencontrerois pas quelque trait qui tendît à indiquer ces circonstances comme favorables pour opérer une révolution salutaire : l'éclipse de l'esprit humain à cet égard est totale et profonde ; tous ces écrivains se débattent entre des mots vuides de sens, oublient les priviléges essentiels de l'homme, ne parlent que de *la messe*, et ne tremblent que pour elle.

Ces fameux États tenus à Blois, ces assemblées nationales, devant lesquelles s'anéantit la majesté royale, et qui, dans

leur solemnelle convocation, auroient pu
rétablir le royaume, en réprimant les abus
les plus dominans, perdirent le temps en
déplorables disputes ; au lieu de défendre
les droits du peuple, ils s'occupèrent de
la *transsubstantiation* et du concile de
Trente. Il s'agissoit de la cause la plus
noble, la plus importante sans doute,
de réparer les maux antiques faits à la
patrie : ces idées furent à peine apperçues
ou indiquées ; le misérable esprit de controverse gâta tout. Ils agitèrent qu'il ne
falloit qu'une religion, puisqu'il n'y avoit
au ciel qu'un Dieu ; ils parlèrent néanmoins, comme par hasard, *de punir les*
traitans et les mignons, de supprimer tous
les impôts arbitraires ; mais plus coupables que s'ils n'en eussent point parlé, ils
abandonnèrent ces grands objets si intéressans à examiner et à débattre. En lisant
leurs *cahiers*, on croiroit être assis sur les
bancs de la *Sorbonne* et y entendre le jargon des ergoteurs, au lieu du langage des
hommes d'État.

Le fier duc de Guise, l'idole de Paris,
et qui avoit mérité cette idolâtrie par ses
qualités héroïques et populaires, plein

d'audace et de courage, touchant du pied les degrés du trône, mit à profit cette haine universelle contre Henri III, et fondée sur les plus grands motifs qu'une nation puisse avoir : mais aussi il méprisa trop son roi. Il n'apperçut ni sa haute fortune, ni toute la faveur du peuple; il perdit l'occasion de régner sur la nation, qui déjà l'adoroit. Guise, content d'avoir avili le trône par la supériorité de son génie, temporisa ou dédaigna de s'y asseoir. Il emporta dans le tombeau, aux yeux du peuple, le nom d'un héros magnanime. On crut qu'il n'avoit pas voulu acheter une couronne par un crime qui lui auroit été si facile, et dont il auroit été absous par la sanction publique, et peut-être même par la voix de la postérité (1).

Le foible Henri III (2), pendant ce

(1) On a donné à Cromwel le nom d'usurpateur; il s'élança d'un gradin bien plus bas que celui où étoit Guise : mais n'a-t-on pas porté à la cour de France, et publiquement, le deuil de l'usurpateur?

(2) On dévoroit d'avance le trône de Henri III qui, quoique jeune, n'avoit point d'enfans, et qui n'avoit plus de frère. Catherine de Médicis croyoit facilement en exclure le roi de Navarre et le prince

temps, se montrant en public *avec des petits chiens qu'il portoit pendus à son cou dans un panier,* dépensant des sommes immenses pour des *singes*, des *perroquets*, des *moines* et des *mignons*, déjà *tondu* dans l'opinion publique et enfermé dans un couvent d'après le vœu général, non moins ridicule qu'odieux, répondit à son adversaire en le faisant assassiner. Il n'imagina pas d'autres moyens pour retenir la couronne qui chanceloit sur sa tête : mais ce fut pour lui un crime de plus,

---

de Condé, pour cause de protestantisme. Elle vouloit donner la couronne au duc de Lorraine, son gendre. Le duc de Guise de son côté songeoit à reléguer le roi dans un couvent, et à régner à sa place. Il auroit mis en avant-garde le cardinal de Bourbon, il auroit appuyé sur le droit de proximité ; puis renversant d'un coup de pied le fantôme, il se seroit montré aux yeux du peuple disposé déjà, par l'amour qu'il avoit su lui inspirer, à le recevoir. Henri III de son côté, regardant le royaume comme un patrimoine, comme une ferme qu'il pouvoit démembrer à sa volonté, n'étoit pas éloigné de le partager en faveur de ses mignons ; et Joyeuse et d'Epernon devoient y avoir la meilleure part. Henri III appelloit Joyeuse et d'Epernon ses enfans.

qui ne fit qu'augmenter l'exécration publique. Il parut avoir frappé son souverain : dès-lors le cri universel dirigea contre
lui le couteau dont bientôt un jacobin lui
ouvrit le flanc ; et la France entière, dans
l'ivresse de la joie et de la vengeance,
applaudit au régicide (1).

Quelle leçon pour les rois prévarica-
teurs ! Les enfans de Catherine de Médicis,
comme frappés de la malédiction des peuples, descendirent tous au tombeau avant
le temps, et sans lignée. La mort mois-
sonna dans leur jeune âge, et Charles IX,
et Henri III, et les ducs d'Alençon et
d'Anjou, et toute cette race de mauvais
et d'indignes princes, qui n'eurent d'ac-

---

(1) La mort des Guises inspira au peuple une
telle douleur, elle fut si générale, si profonde, que
celui qui lit l'histoire ne peut s'empêcher de dire :
le peuple regardoit ces deux frères comme le sou-
tien de ses droits et de sa liberté, et l'on crioit tout
haut, *Dieu éteigne la race des Valois !* Jamais
peuple ne jetta un cri plus unanime. Ce régicide
fut regardé, non-seulement en France, mais encore en Italie, comme une action vertueuse ; et
l'on compara le paricide, les uns à Judith et à
Eléazar, les autres aux plus grands hommes de
l'antiquité.

tivité que pour le mal. La nation se re-
garda bientôt comme délivrée d'un fléau
qui préparoit sa ruine entière. Tout re-
tentissoit de cris d'alégresse : c'étoit peut-
être le moment , pendant cet *interrègne* ,
de rétablir les droits de la nation. Elle
étoit remise à elle-même ; elle ne connoissoit pas alors les vertus héroïques de
Henri IV, qui étoit pour elle dans le plus
grand éloignement. On avoit détesté la
maison de Valois : on n'aimoit guère plus
la maison de Bourbon ; on la regardoit ,
disent tous les historiens , *comme une
branche égarée , perdue et bâtarde.*

Tous les vœux étoient pour les Guises,
qui étoient populaires et montroient du
génie. Henri IV n'étoit aux yeux du
peuple qu'un protestant qui renchériroit
bientôt sur les attentats d'un roi catholique, et qui de plus détruiroit *la messe*
dans Paris. Le sang des Guises existoit
encore : on le faisoit remonter jusqu'à
Charlemagne, et ce sang versé sous ses
yeux et pour sa cause, sembloit devoir lui
devenir encore plus cher. Mayenne avoit
à venger ses deux frères tués à Blois. Seul
reste de cette maison formidable , il ne

figura point, pour un chef de parti, d'une manière ferme et décidée. En vain sa mère lui redemandoit ses fils massacrés ; en vain la veuve du duc et sa sœur crioient vengeance ; en vain la nation cessoit d'être royaliste : calme, irrésolu, modéré, il sembloit redouter d'être élu roi. N'ayant rien de commun avec le sang bouillant de ses frères, il n'étoit pas né pour se trouver dans cette grande crise de l'État.

Mayenne, avec plus de fermeté et d'audace, auroit pu mettre la couronne sur sa tête. Les ducs, les comtes, etc. la noblesse enfin étoit toute prête à se vendre. En donnant des gouvernemens, en prodiguant les places les plus éminentes aux plus ambitieux, en poussant le roi de Navarre à toute outrance, il est probable qu'il auroit réussi. Le jeune duc de Guise, son neveu, enfermé pour lors, n'auroit pas nui à ses desseins ; mais Mayenne, d'ailleurs habile capitaine, n'avoit point d'activité, et il ne connut pas le prix des momens.

La nation, dans cette forte épreuve, pleine du sentiment de ses maux et douée du plus grand ressort, égara son courage, et ne sut point établir, ni même proposer une forme de gouvernement qui éloignât les désastres passés, dont le peuple avoit fait une si longue et si cruelle expérience; elle ne songea point à opposer une juste résistance à ce pouvoir énorme qui depuis Louis XII avoit foulé et avili l'État. Déplorable aveuglement du siècle! fatale erreur! La France ayant à choisir, à nommer son monarque, ne conçut aucune idée politique. Armée, forte, vigoureuse, couverte d'acier, elle se jetta dans le dédale épineux des disputes théologiques, et s'enfonçant dans ces routes tortueuses, elle oublia le fer qu'elle tenoit, et l'époque la plus heureuse et la plus rare pour dresser un contrat social.

Henri IV tira l'épée pour régner. Mais ce qui le justifie, c'est que la force alors répondoit à la force, et qu'il opposoit le glaive au glaive. Le succès du prétendant étoit plus que douteux. Ses droits, quoique légitimes, pouvoient être annullés par la volonté des peuples, par leur opiniâtre résistance, ou par le cours des évènemens; l'ascendant terrible de la religion, les anathêmes multipliés, et qui in-

vitoient les poignards du fanatisme, pouvoient encore à leur défaut l'éloigner à
jamais du trône. Il eût alors accepté bien
volontiers toutes les conditions qu'on lui
eût imposées. Il avoit de l'héroïsme ; il
eût commandé avec joie à une nation libre : elle pouvoit, en lui mettant la couronne sur la tête, lui dicter un contrat généreux, qu'il eût signé avec noblesse.
Mais que lui enjoignit-on ? Ce qui étoit
le plus indifférent pour le gouvernement
d'un État, de *se faire catholique et d'en-*
tendre tous les jours la messe. Ce fut
l'unique condition qu'on lui imposa ; et
l'on crut alors avoir gagné un point de législation important, un gage éternel de la
félicité publique (1). Les grands, plus habiles et plus lâches, vendirent à *beaux*
deniers comptans leur servile obéissance,
et ne songèrent qu'à dresser des traités

_____

(1) Paris vaut bien une messe, dit-il ; et cette
messe lui rendit un trône. Ainsi Louis XVI, en
acceptant et en baisant la cocarde tricolore le 17
juillet 1789, changea, en une minute, la disposition générale des esprits. Bon peuple ! tu devois
être égorgé ce jour-là même ! Bon peuple ! un
rien l'appaise.

particuliers. Henri IV promit tout ce qu'on voulut (1), s'engagea à payer les sommes les plus fortes; et chaque homme en place dans cette anarchie tumultueuse, ne suivant que des intérêts petits et sordides, parut méconnoître ou plutôt mépriser l'intérêt général.

Qu'arriva-t-il? le despotisme de Richelieu, contre la nature éternelle des choses, sortit du sein de ces guerres civiles; il en sortit pour punir ce même peuple qui avoit eu le courage de s'armer, de mourir, et qui en combattant valeureusement pour des opinions stériles, n'avoit pas su composer un raisonnement utile (2). Vingt-

---

(1 Les négociations entreprises à Rome pour obtenir du pape l'absolution de Henri, sont vraiment incroyables; et l'on a peine à imaginer l'inflexibilité du pape et la nécessité où se trouvoit un roi de France de cette absolution.

(2) Richelieu ne sut que sacrifier. Henri IV, ou un autre grand homme, auroit fait subsister ensemble les deux religions, en permettant à une troisième et à plusieurs de s'établir. Mais Richelieu calcula quelle moitié de l'État il écraseroit, pour la subordonner à l'autre; et l'ascendant de son cruel caractère fut pris pour du génie : génie funeste, qui ne sut qu'opter entre des attentats!

deux

deux années après, Richelieu devoit régner; ce Richelieu qui brisa la tête de
ces mêmes grands qui s'étoient vendus,
eux et leur postérité. Ce cardinal, avec
l'audace d'un prêtre qui n'a ni patrie ni
enfans, osa détruire tous les poids intermédiaires; et Louis XIV, dont il applanit
la trop superbe route, entra ensuite en
bottes et le fouet à la main au milieu des
dépositaires, des organes et des gardiens
de nos loix (qui en l'absence des États généraux les suppléoient nécessairement). Il
leur défendit jusqu'à des *remontrances;* et
depuis, quand ces corps de magistrature,
vains simulacres de nos antiques libertés,
et frappés du mépris royal, vinrent représenter humblement aux genoux du monarque ses vexations, ses injustices, ses
erreurs, ses profusions, etc. le monarque
répondit théologiquement, en les chassant
de son palais : *je ne dois aucun compte
à la nation, je ne tiens ma couronne que
de Dieu.*

Arrêtons-nous ; et considérons présen-
tement dans le peuple qui souffrit tant et
qui ne gagna rien, examinons la force
des préjugés de ce siècle, la lenteur des

Tome III.   O

vraies connoissances, et ce qu'occasionne
l'abâtardissement des esprits ; combien il
est nécessaire qu'ils soient éclairés par les
lumières de la bienfaisante philosophie,
qui s'oppose de tout son pouvoir aux ser-
vitudes nationales. Tandis que privé d'une
utile clarté, ce peuple faisoit des prodiges
de valeur qu'il auroit pu mieux employer, le cardinal Granvelle, appuyé de
ce Philippe II, ennemi farouche de toute
liberté civile, politique et religieuse, vouloit le surcharger encore du fardeau de
l'inquisition, et il y tendoit les mains,
souffrant de la famine et plongé dans les
horreurs de la guerre. Et à quoi se bor-
noient les reclamations de ce peuple vaillant? à ce cri général et inconcevable, *comment recevoir un hérétique dans le trône
de Saint-Louis ?*

Quelle étoit donc cette horreur invincible pour le protestantisme? Le catholicisme avoit-il jamais établi les moindres
libertés de ce peuple? Au contraire, c'étoit
un nouveau joug ultramontain et honteux, ajouté à tant d'autres. Le peuple
ne songea ni au pacte social, ni à ses
priviléges, ni à ses franchises. *Pour être*

roi de France, disoit-on alors, *il est plus nécessaire d'être catholique que d'être homme.* Tous les adhérens de Henri étoient traités *de criminels de lèze-majesté divine et humaine*; termes devenus depuis si familiers aux fanatiques de toutes les sectes.

Henri monta sur le trône après s'être battu en vrai soldat. Paris lui ouvrit ses portes, renonçant tout-à-coup à son ardente opiniâtreté et satisfait d'avoir défendu courageusement la transsubstantiation. La France devint sa conquête ; il en acheta des parties démembrées par la cupidité des grands qui les retinrent quelques années, et qui ne rougirent pas ensuite de les lui vendre, pour ainsi dire, une seconde fois. On ne voit pas sans surprise que leurs descendans aient osé appeller *fidélité, amour*, ce qui n'étoit alors qu'une avarice déguisée sous les dehors les moins trompeurs. Voyez les mémoires du temps. Le bon Henri se trouva dans l'impuissance d'acquitter ses promesses, tant on lui avoit imposé de conditions pécuniaires et onéreuses. Il avoit déja payé trente-deux millions à cette noblesse vénale et intéressée, qui lui avoit fait acheter sa respectueuse soumission.

Henri eut besoin sans doute des qualités d'un négociant pour concilier les François, les Allemands, les Anglois, les Hollandois qui servoient dans son armée. Il avoit à étouffer l'envie et la jalousie de ces grands qui se façonnoient déjà à l'art du courtisan. Établir l'union parmi tant de sujets de discorde, devenoit un ouvrage qui exigeoit une adresse peu commune ; il l'eut, il pardonna ; il oublia les injures passées ; il fut bon roi sur son trône, parce qu'il avoit essuyé la mauvaise fortune, et qu'il avoit reçu la meilleure éducation, celle des revers. Il avoit souvent manqué du nécessaire, il songea dans la suite à ceux qui en manquoient. Il fut trois ans prisonnier d'État ; il ne convertit point son autorité en despotisme. Il avoit hasardé sa vie dans les batailles ; il sut être clément après la victoire. Il avoit vu plus d'une fois le poignard levé sur son sein ; il respecta le sang des hommes.

S'il changea de religion, ce fut plus par politique que par conviction. Nous avons des témoignages non équivoques de sa façon de penser. En butte aux poignards des catholiques, outragé par les papes qui, connoissant bien leur siècle, lançoient du haut du Vatican ces foudres qui retentissoient alors dans toute l'Europe, décrié par ses frénétiques déclamateurs si éloquens pour le peuple, lassé de leurs violences et de leurs perfidies, il écrivoit à Corisande d'Andouin : *Tous ces assassins, tous ces empoisonneurs sont tous papistes, et vous êtes de cette religion ! J'aimerois mieux me faire turc.* Il exposa les raisons politiques de son changement à Élisabeth, reine d'Angleterre : il mandoit à Gabrielle d'Estrées, en parlant de son abjuration, *c'est demain que je fais le saut périlleux.*

Il est probable qu'en persévérant à n'embrasser d'autre systême que celui des combats, Henri IV auroit pu monter sur le trône sans faire abjuration. Les protestans alors eussent redoublé de zèle, d'attachement et de courage; ils ne se seroient pas refroidis; et les catholiques, frappés bientôt de son héroïque constance, auroient eu un respect qu'ils n'eurent pas; car ils attribuèrent

à l'intérêt le changement de Henri IV.
Cet intérêt étoit trop fort en effet pour
qu'il ne laissât pas dans les esprits quelques
doutes sur la sincérité de cette conversion.
Ajoutons que ce prince vaillant auroit pu
rendre par sa fermeté un éternel service
à la France, en l'affranchissant du joug
de Rome ; joug qu'il pouvoit briser avec
l'épée de la victoire ; joug méprisable et
non moins funeste, qui depuis alluma dans
ce royaume tant de querelles absurdes et
théologiques, l'opprobre de la raison, et
la cause des plus longues et des plus in-
concevables fureurs. La révocation de l'é-
dit de Nantes, dont les fatales suites sont
inappréciables, la persécution des réformes, les débats du jansénisme et du mo-
linisme prolongés jusqu'à nos jours ; ces
erreurs pitoyables et cruelles font gémir
sur la nation françoise qui, avilie et perdue
dans ces questions ridicules, parut oublier
tout le reste à la face de l'Europe, qui n'est
point encore revenue de son long étonnement. La religion protestante, étouf-
fant dans l'origine ces guerres honteuses et
déshonorantes, auroit conduit le royaume

à un degré de liberté, de population et
de force qui a passé chez nos voisins, devenus puissans par nos méprises.

On a beaucoup loué Henri IV (1), et
l'admiration à été jusqu'à l'idolâtrie ; mais
cette idolâtrie, née seulement depuis un
demi-siècle, étoit fille du ressentiment qui
vouloit créer une forte opposition avec
le caractère des rois vivans. Il est toujours bon à une nation d'établir un fantôme qu'elle pare de toutes les vertus
qu'elle voudroit inspirer à ses monarques ;
c'est une convention adroite, utile, et dès-
lors respectable. D'ailleurs, ce modèle de
la loyauté sert de satire indirecte pour
toutes malversations ; et les éloges publics
prodigués au roi défunt, deviennent de
véritables leçons qui peuvent toucher l'esprit distrait des monarques et leur faire
comprendre le vœu général. Gardons-nous
donc d'affoiblir une opinion faite pour
en imposer à ses successeurs et leur donner le seul frein qu'ils puissent recevoir

_____

(1) Trop sans doute, mais c'étoit par Voltaire,
et par haine pour Louis XV. Henri IV étoit un roi
gentilhomme plutôt qu'un roi citoyen.

aujourd'hui. Ils seront toujours assez grands, s'ils imitent Henri IV dans plusieurs de ses héroïques qualités.

C'est donc pour faire voir aux hommes *combien des idées religieuses mal entendues entraînent d'erreurs politiques et nuisent à la félicité nationale*, qu'on a entrepris ce récit, tableau fidèle des actions et des préjugés de nos ancêtres braves et trompés.

Ah ! qu'il est insensé, ce zèle abominable, jaloux d'un culte unique, attaquant les réfractaires par le fer et le feu, semant la division dans l'État et la discorde dans les familles ! et quelle piété sacrilége que celle qui foule aux pieds l'humanité et fait un crime même de la compassion ! L'homme le plus anti-philosophe pourra-t-il regarder jamais comme religieux François Ier, qui faisoit brûler les protestans à Paris, tandis qu'il les soutenoit, les soudoyoit en Allemagne, et signoit des traités avec eux ? Mais les inconséquences monstrueuses sont les moindres traits qui caractérisent le fanatisme.

Quelle soit donc présentée sous ses véritables traits, cette vile et méprisable

superstition ! C'est le seul moyen de préserver l'homme des erreurs multipliées où
il est toujours prêt à retomber par cette
pente qu'il a à faire parler le ciel, et à
mêler les passions les plus atroces, telles
que la haine, l'ambition et la vengeance,
au sublime et pur intérêt de la religion,
calme et compatissante par son auguste
nature.

*Il y avoit un monstre qui dominoit la
race humaine*, a dit Lucrèce il y a près
de deux mille ans. *L'humanité dégradée
se courboit devant son sceptre stupide ; il ré-
pandoit la terreur, qui ne convient qu'aux
esclaves ; il sembloit cacher sa tête, et
tonner du haut des régions de l'empirée ;
mais il parut un homme qui, sans effroi,
osa porter la vue sur ce monstre, et qui
reconnut que c'étoit un vain fantôme : cet
homme étoit Épicure.*

Malgré Épicure, le monstre a reparu
triomphant dans plusieurs siècles : il se
plaît dans les ténèbres épaisses de la barbarie ; il redoute la moindre clarté, qu'il
voudroit étouffer ; il est à craindre qu'il
ne domine encore quelques parties de
l'Europe. Ne le voit-on pas en ce moment

relever sa tête hideuse en Espagne, et tenter d'y rétablir le trône infernal de la sainte inquisition ? N'a-t-il pas contredit en Pologne les principes de la liberté civile et religieuse ? Les prêtres réfractaires n'ont-ils pas été les plus ardens, les plus implacables ennemis de la constitution françoise ? n'ont-ils pas appellé *signe impie* la cocarde de la liberté qui doit faire le tour du monde ; car cela est dans l'ordre des destinées. Le glaive nu doit veiller dans la main du philosophe, toujours en sentinelle pour épier les approches et les tentatives du monstre, pour le poursuivre, le percer, lui faire sentir dans ses entrailles déchirées le fer qu'il redoute et qu'il mord en écumant de rage. Point de repos, point de trève ; l'étendue des maux passés, les longues plaies non encore cicatrisées faites à l'humanité, l'influence que des idées méprisables et même méprisées ont eues, et ont encore, sur plusieurs souverains de l'Europe ; l'espèce de joug qu'ils portent en tremblant, et qu'ils n'osent secouer, par une suite de l'ancien vertige dont le monstre a frappé la terre entière : tout doit engager l'écrivain à

soutenir la massue en l'air, à la faire
tomber à coups redoublés sur le fanatisme,
qui de nos jours ne prend encore le langage du ciel que pour tromper ou opprimer les hommes.

Comme après les secousses d'un trem-
blement de terre, il y en a ordinairement
quelques autres qui se succèdent; de même
la commotion des esprits du temps de la
ligne engendra bientôt une espèce de
seconde ligne, et la *fronde* fut comme
une autre secousse physique. La fronde
eut un caractère ridicule, si l'on veut,
mais elle ne manqua point d'une sorte
d'énergie; et si elle ne fut pas raisonnée
dans tous les points, elle fut très-abon-
dante en discours où percent nombre
d'idées justes, et qui sembloient préparer
dès-lors les esprits à une plus grande ou
plus heureuse explosion.

Un président et un conseiller du parlement, arrêtés, excitèrent un soulèvement
général. On plaisantoit, d'accord; mais on
n'en avoit pas moins les armes à la main :
pourquoi ne juger aujourd'hui que d'a-
près le succès? Cette guerre, parce qu'elle
fut petite, qu'elle n'embrassa qu'un petit

terrein, prêta aux railleries, si familières aux françois; mais le parlement n'en rendit pas moins des arrêts qui étoient une véritable *déclaration de guerre* au trône et au despotisme. Un évêque fut déclaré généralissime, cela étoit très-plaisant, mais cela étoit énergique; le contre-poids du pouvoir arbitraire auroit pu s'établir dès-lors. Douze cents barrières, élevées dans une ville en douze heures de temps, derrières lesquelles les bourgeois tiroient, pouvoient épouvanter la cour, et présageoient ce que les Parisiens feroient un jour, lorsqu'ils prendroient la Bastille en deux heures. Les frondeurs avoient à leur tête le duc de Beaufort, petit-fils de Henri IV, le coadjuteur, dont les avis n'étoient pas, certes, modérés; le prince de Conti, le maréchal de Turenne; cela ne ressembloit pas, à ce qu'il me semble, à une *émeute*, ainsi que l'appelle M. Gaillard: les historiens et historiographes ont mal vu, en voulant ridiculiser cette guerre; car le soulèvement de la capitale auroit pu s'étendre plus loin, et l'heure de la révolution sonner dès-lors.

Le peuple avoit un vrai motif, il agissoit contre les édits bursaux envoyés au parlement et contre la détention de deux de ses membres qu'il fallut rendre. Cette guerre civile sous un roi mineur pouvoit devenir très - sérieuse ; elle s'arrêta d'elle-même, mais je ne lui trouve pas ce caractère méprisable que les historiens ont tenté de lui imprimer.

On juge par les évènemens. L'observateur qui se replace au point précis apperçoit les faits sous une toute autre face : je vois Louis XIV contraint de fuir de sa capitale; si à cette époque Condé eût été contre lui, que seroit-il arrivé? Condé ne brava le trône que quelques années après. Imaginez que ce Condé fût alors ce qu'il a été depuis, et jugez.

Enfin le duc de Beaufort, appellé le *roi des halles*, et ce nom dit beaucoup dans plusieurs circonstances, pouvoit allumer et propager la sédition et la transformer en insurrection : le parlement agissoit ouvertement contre le ministre; lançoit des arrêts, le bannissoit, et sa tête étoit mise à prix.

Condé ensuite vouloit pour ainsi dire goûter de la guerre civile, il s'étoit ligué

avec les Espagnols. Observons encore la
fille du duc d'Orléans faisant tirer le canon
de la Bastille sur l'armée royale. Le roi
d'Espagne créa Condé généralissime; ce
fut Turenne qui sauva le roi et la famille
royale, et le hasard contribua beaucoup
au parti qu'il avoit pris. Si Condé et Turenne ne se fussent pas trouvés opposés
dans ces guerres, si ces généraux avoient
marié leur habileté, cette guerre auroit eu
des suites grandes et décisives. Or, c'est
dans ce même-temps que Charles Ier, roi
d'Angleterre, portoit non juridiquement,
mais bien politiquement sa tête sur l'écha-
faud, pour avoir trahi son peuple et ses
sermens. Les principes de sédition ou de
soulèvement chez les deux peuples, eurent
une issue bien différente : la fronde dis-
parut, et tous les conspirateurs s'éclip-
sèrent, on brigua de tous côtés l'alliance
de Cromwel; Mazarin fit un traité avec
lui.

Quoique Mazarin fût revenu à Paris
comme en triomphe, cette guerre civile
avoit eu pour objet d'ébranler le pouvoir
arbitraire ; mais le volcan, grassement
alimenté par les règnes de Louis XIV et

de Louis XV, ne devoit faire sa grande
et heureuse explosion que le 14 juillet
1789. Tout étoit préparé pour dévorer ce
colosse despotique qui fouloit et avilissoit
la nation, mais que des circonstances fatales avoient toujours préservé du coup de
foudre vengeur qu'il appelloit depuis cinq
cens années. Heureux qui a vu la flamme
du volcan, et la tempête qui a battu le
trône du despotisme! il étoit né sujet et
et même esclave; il s'endormira dans la
tombe libre et satisfait.

Nº. 28.

DIALOGUE
ENTRE HENRI IV. ET SULLY.

HENRI.

Eh bien, mon cher Rosny, causons en
secret... Ils ont de la peine à me croire
catholique. Ils s'obstinent à dire que je ne
puis être absous que par le pape, et régner
conséquemment que sous sa bonne volonté.

SULLY.

Sire, le moyen de rendre vains tous les

foudres du Vatican, c'est de vaincre : alors vous obtiendrez aisément votre absolution. Mais, si vous n'êtes pas victorieux, vous demeurerez toujours excommunié.

HENRI.

J'aurois déjà vaincu ; mais j'aime ma ville de Paris ; c'est ma fille aînée. Je suis jaloux de la maintenir dans sa splendeur. Il auroit fallu la mettre à feu et à sang (1). Les chefs de la ligue et les Espagnols ont si peu compassion des Parisiens ! ces pauvres Parisiens ! Ils n'en sont que les tyrans ; mais moi, qui suis leur père et leur roi, je ne puis voir ces calamités sans en être touché jusqu'au fond de l'ame, et j'ai tout fait pour y apporter remède, tout, jusqu'à apprendre par cœur et répéter le catéchisme qu'ils m'ont donné (2).

---

(1) Il n'en eut jamais la moindre idée, le bon roi ! aucun prince du sang, aucun homme de cour n'auroit osé ni lui en faire la proposition, ni le tromper là-dessus.

(2) L'archevêque de Bourges lui fit réciter plusieurs fois son catéchisme ; on lui imposa des obligations personnelles *d'entendre la messe tous les*

S u l l i.

Vous avez bien fait, sire ; on n'appaise pas autrement des théologiens. Allez, l'action la plus agréable à Dieu sera toujours d'épargner le sang des hommes et de mettre fin aux maux qu'ils endurent, soit par aveuglement, soit par opiniâtreté.

H e n r i.

Mais n'y auroit-il pas eu plus d'héroïsme et de fermeté à soutenir le protestantisme, à le faire monter avec moi sur le trône, et à donner ainsi à mes sujets une religion plus simple, plus épurée, plus propre à détruire les nombreux et incroyables abus de l'autorité sacerdotale ?

S u l l i.

Si cela eût pu se faire sans hasarder votre couronne, sans plonger la France dans une guerre interminable, il eût été bien

---

jours, usage constamment suivi par ses successeurs; *d'approcher des sacremens au moins quatre fois l'an, et de rappeller les jésuites.* Ce dernier article est remarquable. Henri devoit passer pour hypocrite aux yeux du catholique, pour ingrat aux yeux du calviniste, pour avare aux yeux du courtisan : il n'est rien de tout cela aux yeux du philosophe.

avantageux à l'État de recevoir de vous le principe de sa félicité et de sa grandeur, et d'anéantir le germe des fatales discordes que Rome nous envoie ; mais il s'agit évidemment de soumettre d'abord la capitale, afin de pousser les ennemis du centre du royaume vers la frontière.

H E N R I.

Cette abjuration a coûté beaucoup à mon cœur.

S U L L I.

Elle étoit nécessaire. . . . Il faut entrer dans Paris.

H E N R I.

Vous avez été le premier à me conseiller d'aller à la messe, et vous êtes resté protestant.

S U L L I.

Je l'ai dû. Ils haïssoient votre religion, et non votre personne ; il falloit que vous fussiez catholique. Il m'étoit permis, à moi, de demeurer fidèle à la loi de mes pères.

H E N R I.

Je me suis reproché plus d'une fois ma foiblesse ; je ne m'en console que par

l'idée que ma conversion rétablira la paix.
Eh ! que ne sacrifie-t-on pas à ce grand
intérêt ?

S U L L I.

Les esprits ne sont pas préparés encore
pour un heureux changement. . . Point
de remords , sire ! les rois doivent domi-
ner les religions et ne s'attacher qu'à celle
qui , composée d'élémens purs , découle
du sein de la divinité , dont ils sont ici
bas les images , quand ils sont éclairés ,
fermes et bienfaisans ; ils doivent être
au-dessus de ces pratiques superstitieuses
qui avilissent la raison , abâtardissent les
peuples , leur ôtent leur énergie et leurs
vertus. C'est à eux de préparer de loin à
leurs sujets un culte raisonnable , digne
de l'homme , et de faire tomber , soit par
le mépris , soit par une sagesse attentive ,
ces querelles misérables qui ont tant de fois
ensanglanté la terre ; c'est ainsi que , législateurs sublimes et prévoyans , ils deviennent les bienfaiteurs du genre humain.

H E N R I.

Que ne puis-je l'être sous ce point de
vue , et faire avancer mon siècle vers la
vérité ! Mais , né dans une religion qui a

rendu à la raison humaine une partie de sa liberté, je me trouve forcé de rétrograder; entraîné par la barbarie qui m'environne de toutes parts, me voilà obligé d'embrasser un culte chargé d'absurdités révoltantes. Eh! que deviendra le bien que je voulois faire aux hommes?

SULLI.

Vous en ferez beaucoup, en paroissant céder au torrent contre lequel il n'y avoit point de digues. Il faut aller d'abord au plus pressé, et terrasser le fanatisme qui sous vos yeux égorge vos sujets. Donnez-lui le signal qu'il demande pour appaiser ses fureurs; touchez les autels où il doit tomber vaincu et désarmé, ôtez-lui son poignard et ses flambeaux... Une messe entendue doit enchaîner le monstre et prévenir l'effusion du sang : entendez la messe, et regardez ce peuple, tantôt insensé, tantôt furieux, comme un peuple d'enfans qu'il faut conduire par les illusions qui lui sont chères.

HENRI, *avec affection.*

Toi, mon cher Rosny, que rien n'oblige à ce sacrifice; toi, dispensé de t'im-

moler , reste fidèlement attaché à la religion réformée. Le poids de ton nom , tes
vertus , ta mâle probité te rendent chef
d'un parti que je ne puis plus favoriser
trop ouvertement, mais auquel je serai
toujours attaché de cœur et d'esprit ; non
qu'il soit exempt de la fange qu'il a con-
tractée par son voisinage avec le papisme ,
mais il secouera le reste de ses viles superstitions , et l'on verra naître bientôt
une religion que la dignité de la raison
humaine pourra avouer sous le regard de
la divinité.

S u l l i.

Prince ! si je sais lire dans l'avenir , et
voir la marche de l'esprit humain , il faut
que l'idole de Rome tombe par degrés ;
les abus et les lumières conduiront un jour
la France au protestantisme ; et le protestantisme lui-même ayant épuré son culte ,
montrera enfin à l'univers les vrais adorateurs de Dieu en esprit et en vérité. Alors,
dégagée d'un mélange ridicule et honteux, la religion sortira éclatante et pure,
le front élevé vers les cieux. Elle enchaînera sans effort les esprits droits et les
cœurs vertueux qui chériront ses attraits

chastes et nobles , eux qui se refusoient aux idées avilissantes et injurieuses sous lesquelles on osoit représenter le Créateur de l'univers et le Père auguste des hommes.

H E N R I.

Heureux le prince qui pourra présider à cette époque , et qui sera favorisé dans ce grand changement par les lumières nationales (1) autant que j'ai été arrêté par la démence et le fanatisme !

S U L L I.

Un de vos descendans , sire , une de ces ames fortes et généreuses que la Providence tient en réserve , chez qui l'amour du bien devient passion , qui conçoivent, veulent et exécutent les grandes entreprises , brisera le joug de ces tyrans religieux qui remplisent les esprits de chimères mystiques , et dont l'opulence oisive mine les forces de l'État : et la France, délivrée alors du principe secret de sa destruction , reprendra son lustre et son éclat.

---

(1) Que le lecteur veuille bien se rappeller que je ne fais ici que réimprimer mot pour mot ce que j'ai publié en 1782.

H E N R I.

Puisse-t-il faire ce qu'il ne m'est pas permis de tenter au milieu de tant d'esprits farouches, amoureux de leur servitude ! Ce royaume, dégradé par sa fatale union avec Rome, ne reprendra l'ascendant naturel qu'il devroit avoir sur tous ses voisins que quand il aura adopté une réforme urgente qui proscrive, et le tribut immense et annuel payé à la chaire de Saint-Pierre, et le célibat scandaleux des prêtres, et cette armée inutile de cénobites, et toutes ces chaînes arbitraires et bizarres qui attentent également aux priviléges de l'homme et du citoyen.

S U L L I.

Le temps et la raison réaliseront les mouvemens généreux de votre cœur... Vos enfans, vous dis-je, se souvenant de vous, rendront à l'homme la liberté que l'atrocité des siècles barbares lui ont ravie : et la puissance imaginaire de Rome, réduite à sa juste valeur, n'excitera plus que la risée des sages.

H E N R I.

J'en accepte l'augure, mon cher Rosny ;

P 4

mais mes amis ne diront-ils pas que j'ai
cédé à l'intérêt, au desir de régner ?...

S U L L I.

Vous auriez été coupable, lorsque le
vaisseau de l'État étoit battu d'une si fu-
rieuse tempête, de n'avoir point porté la
main au gouvernail. Il n'appartenoit qu'à
vous de le sauver. Restaurateur de la
France, non, ils ne vous feront point ce
reproche. Ils savent qu'un roi se doit,
avant tout, au repos de son pays ; qu'il
n'est point hypocrite pour donner le change
au fanatisme... Eh! mon cher maître,
n'est-ce pas le même Dieu que nous ado-
rons, le Dieu qui nous commande de ché-
rir les hommes et de leur faire tout le bien
qui est en notre pouvoir ?... C'est le même
Évangile, c'est-à-dire, la même morale
que vous reconnoissez pour la mettre en
pratique... Le reste, sire, est une vaine
dispute de mots.

H E N R I.

Sans doute, mon cher Rosny ; et ceux
qui adorent le même Dieu, qui suivent la
morale auguste de l'Évangile, devroient
bien enfin se réunir, s'embrasser, et se
regarder comme frères... Eh! ne le sont-

ils pas, puisqu'ils sont d'accord sur les mêmes devoirs, et qu'ils honorent les mêmes vertus ?

SULLI.

Un culte aussi raisonnable, aussi simple, aussi pur, choqueroit trop l'ambition et l'orgueil des prêtres catholiques, qui ont surchargé la religion de monstruosités étrangères. Ils ont besoin d'égarer l'esprit de l'homme dans la confusion ténébreuse de leurs dogmes et de leur mystères.

HENRI.

Comme mes vœux impatiens hâtent le jour où la France sera éclairée, où l'esprit de persécution cessera, où, faute de controversistes, tombera l'aliment fantastique de ces débats honteux ! . . . En attendant, soyez bien sûr, mon cher Rosny, que fidèle à mes principes autant que je le pourrai sans rallumer les divisions ni les discordes, j'établirai la tolérance dans mes États : elle seule fait la gloire et la force des empires.

SULLI.

Vous le devez, sire, et par humanité,

et par sagesse, et par reconnoissance, et même par politique.

HENRI.

Ah, mon cher Rosny ! je ne pense tout haut sur ces matières qu'avec vous. . . Qui plus que moi doit détester le fanatisme ? Que de fois j'ai vu le couteau levé contre mon sein ! J'ai toujours devant les yeux l'infortuné Coligny, sanglant et déchiré (1), que ses vertus et sa probité n'ont pu sauver de la férocité des catholiques... Ils me tueront, mon ami, ils me tueront : mais n'importe, je veux tenir les deux religions dans ma main, et je n'en protégerai pas moins, jusqu'au dernier soupir, ceux dont je suis obligé de me séparer (2).

_____

(1) Coligny eût été le seul homme propre à établir en France une constitution libre ; sa vertu étoit forte, lorsque celle des autres ployoit aux circonstances. Le poignard des massacreurs de la nuit de la Saint-Barthelemi avoit plongé dans le tombeau le plus généreux défenseur de la liberté des peuples ; l'Hospital étoit plus attaché au trône qu'au peuple.

(2) Henri IV donna le fameux édit de Nantes, révoqué par la dure intolérance de Louis XIV. L'état des protestans étoit fixe en France ; ils étoient satisfaits et tranquilles, et cet édit étoit

SULLI.

Agissez et marchez toujours sous l'œil de Dieu, c'est assez pour ne plus craindre les hommes.

HENRI.

Oui, je me remets tout entier à la providence. (*Après un silence.*) J'ai besoin, pour rendre mon peuple heureux, d'un homme qui ait vos lumières et votre fermeté ; car il y a bien des malfaiteurs à combattre... Savez-vous quel est le terme de mes souhaits, le but desiré de mes travaux ? C'est de faire ensorte, mon ami, que tout cultivateur, jusqu'au moindre paysan, mette tous les dimanches la *poule*

---

tout à la fois l'ouvrage de sa sagesse, de sa reconnoissance, de son attachement et de sa tolérance : pourquoi faut-il que le fanatisme le plus aveugle ait détruit ce monument de concorde ? La plaie profonde faite à la patrie n'est pas encore fermée de nos jours. Eh ! quelle est donc la malheureuse constitution de notre gouvernement, qu'un seul homme trompé ou orgueilleux puisse faire à la patrie des maux si longs et presque irréparables ! Comment une volonté erronée et barbare règnet-elle encore follement après lui, quand il est descendu au tombeau, chargé des reproches de la saine partie de la nation ?

au pot. (1) Tout dérive de là , mon ami ,
la joie , la santé , la force , la population ,
les bénédictions envoyées au ciel , et qui
retombent sur la tête des rois. . . Allez ,
j'ai bien vos maximes dans le cœur.

S U L L I.

Généreux prince , ayez constamment le
courage de faire le bien ; car il est toujours difficile à faire , au millieu de ces
hommes avides , de ces courtisans orgueil-

---

(1) Henri IV, comme le sait le moindre citoyen ,
vouloit que *tout paysan eût une poule au pot tous
les dimanches.* Eh bien , voilà tout à la fois le thermomètre et le résultat d'une bonne législation. On
entasse les raisonnemens à perte de vue. Le paysan
a-t-il la poule au pot? *l'Etat est bien administré :*
ne l'a-t-il pas? *l'Etat est mal gouverné.* Rois , tra-
vaillez pour faire entrer la poule au pot , voilà
votre vraie gloire ! Je ne sais pourquoi M. de Voltaire s'obstine à trouver cette expression triviale ,
ce que ses copistes n'ont pas manqué de répéter.
L'auteur de la Henriade auroit-il voulu que Henri
IV eût fait une période poétique? *La poule au pot,*
voilà l'expression simple et vraie telle que le cœur
l'a dictée. J'ai voulu la consacrer comme une des
plus belles qui soient sorties d'une bouche royale.
Charles IX ne savoit que les noms des chiens de
chasse et des oiseaux de proie.

leux, qui ne voient qu'eux et jamais le
peuple...

HENRI.

Ne me cachez jamais la vérité, mon
cher Rosny. Je la desire, je la cherche,
et me crois né pour l'entendre.

SULLI.

Sire, je vous prouverai mon dévoue-
ment absolu, en ne vous déguisant jamais
rien de ce qui pourra intéresser votre
gloire et le bonheur de vos peuples.
(*Il sort.*)

N°. 29.

THÉOLOGIENS.

LA plupart des théologiens ont séparé
ce que l'auteur de la nature avoit uni, et
d'une seule religion ils en ont fait mille.
Le fruit d'une vaste et profonde lecture
des ouvrages théologiques avoit été de
persuader à l'illustre *Boerhave* que la
religion, très-simple pour ainsi dire au
sortir de la bouche de Dieu, étoit pré-
sentement défigurée par de vaines, ou
plutôt par de vicieuses subtilités philoso-

phiques, qui n'ont causé que des dissentions éternelles et les plus fortes de toutes les haines. Il étoit tenté de soutenir
un acte public sur cette question : *Pourquoi le christianisme , prêché autrefois
par des ignorans , avoit fait tant de
progrès , et qu'il en faisoit aujourd'hui
si peu , prêché par des savans ?*

S'il m'étoit permis de chercher les raisons de ce problême , je croirois les trouver dans leurs explications louches et
forcées ; dans la hardiesse de leurs décisions, qui ne sont souvent fondées que
sur leur propre autorité et dicteés par
l'orgueil ou par l'intérêt : je les trouverois
dans les doctrines absurdes , fabuleuses
et tout-à-fait opposées à la raison et au
bien de la société , que la superstition a
mêlées à la pure révélation émanée du ciel.
On ne peut douter que les défauts d'un
grand nombre d'ecclésiastiques , d'ailleurs
très-savans , n'aient fait un grand tort à
la religion et n'aient nui à ses progrès.
On n'a qu'à ouvrir les annales de l'église,
pour être en quelque sorte témoins et
spectateur de leurs disputes aigres et
obcures. Avec quelle facilité , ne prodi-

guoient-ils point à leurs adversaires les
noms d'hérétiques et de schismatiques ?
loin d'instruire et édifier les chrétiens , ils
leur inspiroient une horreur qui retom-
boit en quelque sorte sur la religion. En
voulant étendre l'empire de certains
dogmes qu'ils forgeoient eux-mêmes, ils
resserroient le règne de la morale ordonnée
de Dieu , et qui établit parmi les hommes
l'ordre et la paix. Lors même qu'ils avoient
raison dans le fond , il avoient tort dans
la forme , et en approuvant leurs jugemens on ne pouvoit que blamer leurs
clameurs , leurs injures et leur procédé.
Les anciens avoient placé les graces à la
suite de la sagesse , et eux y mettoient
la haine , la vengeance et la noire envie.

N°. 30.

Sur les Assignats (1).

La nature a borné le signe métallique.
Toute nation industrieuse est forcée d'en

---

(1) Ce morceau en faveur des assignats , a été
publié deux mois avant leur création.

créer un nouveau ; car que de choses invendues faute du *signe ?* n'est-il pas nécessaire de posséder ce qui établit un rapport entre tout ce qui est à vendre et le *signe* qui obtient la marchandise ?

L'industrie productive ne peut exister sans un signe actif et rapide , car c'est la circulation seule qui fait la richesse , et sans la multiplicité des échanges , l'industrie tombe.

Favorisez donc cette circulation , car voilà le *but* où vous devez tendre ; et quand l'Assemblée nationale, pour la vivification de l'industrie productive , offre des assignats sur des héritages disponibles , cette magnifique hypothèque ne satisfait pas encore ! Eh ! quelle autre valeur pouvoit-on offrir , lorsque la crainte , l'avarice , l'incivisme enfouissent l'argent. Emploierez-vous la force pour le rendre au jour.

Il entre dans la *politique* de la *révolution* d'avoir recours à une résolution grande et ferme, et ce n'est pas une ressource vulgaire qu'il faut appeller aujourd'hui , puisque tous les mouvemens qui

qui ont produit notre salut, ont été extraordinaires.

On a vu le papier-monnoie obtenir
souvent la préférence sur l'or et l'argent
par son mouvement rapide, par la faveur prodigieuse qu'il donne à la circulation.

L'argent a une *valeur* et voilà pourquoi
il ne peut pas devenir *signe* de sa propre
valeur. Toute *valeur* dans le signe est
donc déplacée et superflue : quand on
donne de l'argent, on fait un troc gros-
sier à la manière des Sauvages, à la
manière des Islandais, qui se servent de
poissons pour gages d'échanges. La perfection de l'État policé est d'introduire
des *signes* sans *valeur*, de les y introduire
avec sûreté, de les multiplier avec l'abondance que demande le besoin qu'on a de
signes : or tout le numéraire étant insuffi-
sant à la quantité de *travaux*, à la quantité de *marchandises*, et ce ne sont pas
les *travaux* qui enfantent les *signes*, mais
les *signes* qui enfantent les *travaux*; c'est
en d'autres termes *l'espérance*, c'est la
promesse qui mettent tout en activité, en
politique comme en morale. Tout papier

Tome III.   Q

travaille sur l'avenir ; et quand il ne feroit que sauver le *quart-d'heure présent*, il seroit infiniment profitable , car toute la vie réside dans le présent.

L'or et l'argent ne sont pas au fond des signes représentatifs de tous les biens , ils sont des *biens* très-*réels* ; mais c'est une richesse *illusoire* et qui, en s'amoncelant, deviendroit entièrement *inutile*. L'inutilité de l'or est démontrée : en créant en imagination *cent pieds cubes* de ce métal , anéantissez en imagination ce même or ; ne vous obstinez pas à vouloir donner le *réel* contre le *réel* , vous serez grandement créateur de nouvelles richesses ; car vous pouvez troquer bien plus heureusement une feuille de *papier* contre la simple faculté d'obtenir le *réel* à volonté, et voilà l'*œuvre politique* qui nous distinguera enfin des Sauvages, l'œuvre qui fera disparoître un faux *emploi*, l'œuvre qui saura proportionner l'abondance des signes à l'étendue des besoins qu'en a une nation.

Mettez les *bras* en activité et vous verrez germer la richesse ; multipliez les échanges , les trocs, n'importe avec quel signe, si le signe est dû par la société entière , il s'effectuera toujours un vrai paiement de manière ou d'autre.

Quelques américains se servent de grains de cacao pour *gages d'échanges* ; ils feroient mieux de manger leur monnoie et de se donner de main en main de petites pierres : nous ne mangeons point l'or et l'argent ; mais les opinions *élevées* sont si différentes des opinions *courantes*, qu'on place la richesse dans le *coffre-fort*, tandis qu'elle ne réside que dans la tête, c'est-à-dire dans l'idée que la promesse se réalisera. Le *crédit* est donc *richesse* et plus que l'objet matériel.

Un écu faux, s'il a passé par six cents mains, a absous son crime aux yeux de la société ; car, s'il a trompé un homme, il en a servi cinq cens quatre-vingt-dix-neuf ; ceux-ci ont joui du fantôme comme de la réalité : jamais l'homme vulgaire ne comprendra ceci ; il voudra toujours éventrer la *poule* et voir la *source* et le *dépôt* du métal.

Multipliez la monnoie, la monnoie la plus piètre, la plus détestable ; dites à tous les travailleurs, voilà la récompense de vos travaux ; tous les travailleurs,

c'est-à-dire les trois-quarts et demi des
hommes, prendront votre monnoie, votre
méprisable monnoie, et si elle circule
un seul jour, elle circulera mille ans.
Voyez la banque d'Angleterre; on donnoit
confiance à un roi, on ne donneroit pas
la même confiance à une nation. O aristocratie !

Cruels ! vous ne voulez pas des *assi-*
gnats avec le sol de la France pour *hypo-*
thèque, et le seul mot *crédit* met en mouvement des travaux incalculables, et tous
ces travaux se trouvent payés tôt ou tard,
tout se fait à l'avance. Parlez-moi après cela
de vous mettre à la *disposition* de ceux
qui ont des *métaux !* Les riches vous
attendent pour vous faire la loi, parce
que vous ne savez pas dire, je me pas-
serai du métal.

Et pourquoi donc ce privilége du *métal*
de pouvoir être échangé contre toute espèce de biens ! ces *métaux* ne s'amassent
qu'à force de temps et de travaux ; mais
jamais le numéraire ne monte à cette
abondance nécessaire pour que tous les
hommes soient employés, pour que toutes les marchandises, trouvant des *ama-*

teurs , rencontrent des *acheteurs*. Considéré comme *signe* , la pauvreté du numéraire est manifeste ; considéré comme *richesse* , de toutes les richesses c'est la plus *ridicule*.

Par toute la France il y a des milliers de choses à vendre qui ne se vendent point ; sur toute sa surface on ne voit que des journaliers qui offrent leurs travaux à vendre , et faute du *signe* , tout languit. Créez le signe , ne craignez point de le *multiplier* , et en dernière analyse vous verrez tous les *signes* se *reverser* sur les *terres* , parce que là sont les matières premières.

Sans une abondante effusion de *signes nouveaux* , des millions de marchés qui peuvent et doivent se faire , ne se feront point , des milliers d'hommes resteront sans emploi ; les travaux publics et particuliers cesseront , ceux qui possèdent ne jouiront pas et ceux qui pourroient jouir sans posséder troubleront la société , faute d'emploi.

Que les signes de richesses soient précisément ce qu'ils doivent être , de *simples signes* ; ceux qui ne croyent qu'à l'or et à

Q 3

l'argent sont des *Sauvages* et rien de plus. Laissez courir ces *signes*, vous les verrez toujours se mettre au niveau des besoins de la nation. Le vrai signe des biens, ce n'est point l'or, c'est le papier, ce n'est point un *troc* qu'il faut faire comme dans les deserts de l'Amérique, c'est une *promesse*, c'est un titre donné à un membre de la société qui lui assure qu'il obtiendra un jour telle *valeur*. Il faut un signe multiple; mais ce signe est bien loin d'être unique. Que le signe soit sans valeur réelle, et l'œuvre de la politique alors est grandement consommée.

Les assignats n'ont une physionomie effrayante que pour ceux qui ne voyent la société que sous une face, une attitude unique ou passagère, que pour ceux qui n'apperçoivent pas dans la circulation le remède à tous les maux politiques. Du mouvement, du mouvement! quelque soit l'aiguillon, n'importe, multipliez le *signe*, et si la feuille de papier, le parchemin, le morceau de cuir s'élève d'un *denier* au-dessus de sa valeur *intrinsèque*, l'État est sauvé. Croyez ce signe, et que ce soit du *papier;* prenez garde même qu'il ne soit autre chose. Evitez la *valeur réelle* : je vous le répéte , c'est une *promesse ;* vous la recevrez ou vous la rejetterez, point de milieu. Ce papier, soutenu par la simple espérance , l'emporte sur l'or, et nous sommes bien au-delà de la simple espérance , ce sera un vrai et réel paiement de toutes les valeurs , des très-grandes comme des très-petites.

Montesquieu l'a dit : tout va bien lorsque l'argent représente si parfaitement les choses , qu'on peut avoir les choses dès qu'on a l'argent , et lorsque les choses représentent si bien l'argent qu'on peut avoir l'argent dès qu'on a les choses.

Tirez sans crainte les conséquences les plus hardies de cette belle vérité , la plus neuve et la plus importante qui soit dans son livre : reconnoissez avec Montesquieu l'empire effroyable et incertain des *métaux*, et le manque absolu de *signes* ; substituez au mot *argent* le mot *papier* ; il fera la même chose, il fera beaucoup mieux ; il sera vingt fois plus souple , plus actif, il vivifiera les parties froides et stagnantes du royaume ; car la société policée ne recevra son entière perfection que lorsque

Q 4

l'abondance des signes n'aura établi aucune différence entre *vendre* ou *acheter*,
c'est-à-dire quand la nation sera aussi
prompte que l'action. Eh ! combien la
France, avec ses deux milliards d'assignats, n'est-elle pas encore éloignée de
ce point ?

Le vœu du génie ne s'accomplira à cet
égard que lorsque les préjugés des hommes seront tombés. Comment leur prouver que leur *idole* les trompe ? accoutumés aux *métaux*, ils ne veulent du *papier*
que quand il sert la cause de l'opulence
et de l'avarice : ils ne voyent pas que pour
vivifier un empire il faut, non-seulement
multiplier le signe et l'élever encore à la
hauteur de toutes les richesses *mobiliaires*
et *territoriales*, ils semblent redouter pour
le peuple le bon effet qu'il produit pour
les gens aisés ; et où trouver ailleurs que
dans les *assignats* le signe qui dégage
les terres de leur stérilité, l'industrie de
sa stagnation, qui tienne lieu du numéraire éclipsé et crée la richesse par le
simple mouvement de la circulation, le
signe qui décompose la masse effrayante
des marchandises accumulées, et rassu-

rant les créanciers de l'État, satisfasse
à-la-fois la justice et l'intérêt public.

Qu'on me donne du mouvement, disoit
Descartes, et je crée un monde; qu'on
me donne un *signe abondant*, m'écriai-je,
et la France est sauvée.

Les pyramides d'Égypte ont été bâties
avec des oignons, et il ne faut que des
feuilles de chêne pour rétablir les affaires,
s'il y a de la prudence dans la nation et
de la fermeté dans le gouvernement. Si
une mine d'or ou d'argent alloit s'ouvrir
au milieu de la France, la France seroit
perdue; l'or a perdu l'Espagne.

Si le signe est multiple, à plus forte
raison doit-il être divisible; car c'est la
classe indigente qui a le plus de besoin de
ce signe, vu qu'il n'a point de crédit, et
c'est l'État qui lui prête le sien. L'État
dit : je réponds pour toute cette multitude qui ne peut pas faire la plus légère
avance, je la fais pour elle, je lui communique de ma force; on ne fait rien de
rien, le plus léger fardeau exige un lévier;
le signe de toutes les valeurs est le ferment jetté dans la pâte; il disparoît, mais
il a donné la qualité substantielle : une

multitude d'hommes ne font rien, ne peuvent rien faire, parce qu'avec une immense quantité de pâte, ils n'ont pas un atôme de ferment.'

Les tyrans ont toujours su tirer grand parti du crédit national, mais ils l'appliquoient à leur cupidité effrénée; ils ont fait avec cela de grandes choses dans le mal. Eh ! si l'on faisoit pour la grandeur de l'État ce qu'on a tenté pour sa ruine, la France, maîtresse des premières productions de l'Europe, et maîtresse exclusive de quelques-unes, feroit toujours la loi de commerce aux nations étrangères ; car celui-là est tributaire qui a besoin des premières productions.

L'argent propriété n'est rien, l'argent d'activité est tout. Par-tout où il y a quelque chose de bon ou d'utile à faire, si l'*argent* ou si le *signe* manque, la chose reste à faire ; mais nous avons prouvé que le signe idéal valoit infiniment mieux que le signe matériel.

Deux milliards effrayent ; mais ils sont versés sur une population immense et pauvre ; c'est un vaste réservoir qui va se séparer en un million de filets d'eau, et tous ces filets vont aboutir aux arts , au commerce , et sur-tout à l'agriculture ; et ce capital que semble prêter la nation , se réversera vers le trésor national , le peuple rendra d'une main ce qu'on lui aura prêté de l'autre.

Quand les assignats ne devroient donner à l'État qu'une force momentanée avec laquelle il triompheroit au - dedans de ses ennemis , ce premier coup pourroit être regardé comme une victoire , car il importe de donner à la machine neuve et superbe son grand tour de roue , et le mouvement une fois imprimé, la machine ira par son poids et par l'intérêt de tous ; alors les ennemis de la constitution , emportés eux - mêmes , abandonneront des idées romanesques , et la vieille idole du despotisme , dépouillée de ses dernières franges d'or , n'aura plus ni prêtres ni adorateurs. Le sol de la France , ce beau sol ouvert de toutes parts à la culture , voilà la puissance qu'on encensera, qu'on chérira ; et les esclaves qui alloient chercher l'or au pied du trône comme au bord d'un puisard, le chercheront dans les entrailles de la mère commune , et l'Assemblée nationale aura fait et dit comme le père de famille : *remuez le jardin, mes enfans, car il y a là un trésor.* Mais on ne remue pas le jardin sans instrument aratoire, et les assignats sont les seuls et grands moyens de culture et de fécondité.

N°. 31.

ADRESSE A L'ASSEMBLÉE CONSTITUANTE.

Le 11 février 1790.

MESSIEURS,

LORSQUE dans votre sagesse, vous avez décrété la liberté de la presse, vous avez voulu abattre le despotisme le plus avilissant et le plus dangereux de tous, celui qui pesoit sur les ames et qui comprimoit l'essor de l'esprit humain, qui enfin s'essayoit à étouffer les lumières publiques; vous avez senti que s'il importoit aux nations de perfectionner sans cesse l'organisation des États, d'en éclairer les législateurs, les administrateurs, les ordonnateurs de toute espèce, il importoit d'élever un tribunal qui fût tout à la fois le plus grand frein des ennemis de la nation et le premier châtiment des tyrans formés. Cette sentinelle active a réveillé le peuple au moment qu'on vouloit l'enchaîner, elle a préparé et consommé la révolution.

Quel est le vrai créateur de l'opinion publique ? la liberté de la presse ; c'est d'elle qu'émanent les grandes vérités politiques d'où dépend le sort de tous les peuples de la terre, et sans elle il n'y a que servitude, qu'oppression impunie.

Vous avéz reconnu, messieurs, que rien ne pouvoit appartenir à l'homme si sa pensée ne lui appartenoit pas, que c'étoit lui ôter cette pensée si la parole lui étoit refusée, qu'il n'y avoit aucune distance entre le droit de parler et celui d'écrire, et que l'industrie de l'homme ayant inventé la presse, c'étoit son organe qui agissoit partout où sa pensée avoit droit d'agir.

Les ennemis de la révolution frémissent d'avoir vu la presse formée dans les deux mondes, cette opinion publique qui distribue la gloire ou l'opprobre; ils voudroient interrompre cette communication d'idées qui commencent la félicité sociale;

il importe à la république que les méchans soient connus, et c'est ce qu'ils craignent. Par qui les fautes ou les crimes des gouvernemens seront-ils punis aujourd'hui, si ce n'est par cette action morale qui donnant aux délits obscurs toute la publicité vengeresse , forme d'une dénonciation courageuse un acte vraiment civique ?

Dieu a voulu qu'il existât sur la terre une chose supérieure aux législateurs, aux loix elles - mêmes, chose à laquelle les puissances de toute espèce doivent l'hommage de la soumission et du respect; ce sont les lumières publiques, et leur seul organe c'est la presse libre. Eh bien ! ce don de la divinité, ce grand bienfait de la législation, il est sur le point d'être anéanti, et par qui ? par les juges du châtelet.

Si la presse est une action morale, pourquoi nos adversaires n'y opposent-ils pas une action morale? A-t-on jamais gêné les ennemis de la révolution? ne leur est-il pas permis de répondre à tout s'ils le peuvent? a-t-on combattu leur aversion éclatante pour la liberté publique, autrement que par le style de la compassion? Il n'y a eu nulle distinction entre citoyen et citoyen, la tolérance de la constitution s'est étendue sur toutes les opinions civiles et politiques : vous n'avez pas permis au fanatisme banni de nos autels de se réfugier à l'autel de la patrie; les partisans de l'ancien régime ont joui de la liberté indéfinie de la presse, et ont accumulé contre les amis de la révolution les accusations et les injures, sans que ceux-ci ayent daigné s'en plaindre.

. Par quel égarement les juges du châtelet, en présence d'une législature douce et tolérante, qui abhorre également les persécutions d'État et celles de la religion, n'ont-ils servi que les ministres despotiques, n'ont-ils écouté que ses agens, n'ont-ils voulu frapper que les amis de la constitution ? Pourquoi n'ont-ils pas laissé le public, ce censeur par excellence, juger des erreurs de l'immoralité des écrivains ? Pourquoi ? c'est qu'ennemis des droits de l'homme et des nations, ils ne voudroient suffoquer aujourd'hui les écrivains patriotes que pour pouvoir impunément suffoquer l'espèce humaine sous le poids de l'autorité arbitraire.

, La liberté individuelle étant périe, le

châtelet a ravi l'arme la plus odieuse du pouvoir tyrannique, la plus sûre pour épouvanter un peuple entier, en ayant l'air de ne frapper qu'un petit nombre d'individus. C'est la liberté publique qui est menacée, c'est la législature elle-même, car les sentences des juges du châtelet sont en opposition scandaleuse avec la loi; ces absurdes sentences renferment tous les excès de l'aristocratie la plus redoutable, et pour comble d'audace, le châtelet voudroit persuader qu'il n'entend gêner la presse que pour les intérêts de l'homme et de la vertu.

Régler la liberté de la presse, c'est l'anéantir : écrire est un acte moral, il doit être illimité ou nul. Déterminez donc les bornes du temps et celles de l'espace, si vous voulez en donner à la pensée; établissez l'inquisition plutôt que de créer la responsabilité : oui, l'inquisition est préférable, car on la brave ou l'on se tait; mais la responsabilité ouvre une latitude immense de contrainte, de violence, de tyrannie; et comment morceler une vérité, comment dire qu'une chose est et n'est pas, comment diminuer les couleurs

hideuses

hideuses du vice ; il n'y a point de terme
à la liberté quand il s'agit du salut public ;
l'esclavage de la pensée devient plus honteux que sa nullité absolue : ôter aux idées
leur indépendance , c'est effacer entièrement l'ame humaine , parce que son essor
ne peut être mesuré que sur son énergie ,
sa vertu et sa grandeur.

Si l'homme est né pour influer sur la
la société , qui osera comprimer une idée
génératrice ! une idée qui peut en un instant décomposer nos erreurs funestes, et
nous montrer une vérité utile au genre
humain ! Niez la providence si vous ne
croyez pas qu'elle tient toujours en réserve quelques-uns de ces hommes de génie qui viennent tout-à-coup inonder le
globe de lumières nouvelles et qui se
propagent de siècle en siècle.

La liberté entière de la presse ou son
anéantissement ! voilà ce que nous demandons ; car la pensée étant infinie, la
chaîne invisible des idées ne sauroit être
coupée, et le pouvoir qui les transmet,
illimité comme elle , ne doit recevoir aucune entrave.

Que seroit la responsabilité? le poignard
Tome III. R

perfide du despotisme, qui se diroit l'é-
pée de la justice; bientôt ce poignard
assassineroit le patriotisme.

Le prétexte que l'on prend pour tuer
la constitution , c'est de crier au libelle :
à ce mot vague on diroit qu'il faut faire
reculer jusqu'à la vérité, détruire l'imprimerie , effacer le tableau mouvant de
l'esprit humain , qui tour-à-tour représente des choses diverses , éteindre dans
l'homme le discernement entre le bien et
le mal. Alors les hommes seront des automates et il ne sera plus besoin même des
loix. Mais il n'y a point de libelle, c'est
un fantôme qui en impose à l'imagination craintive , il n'y a plus de libelle dès
que l'écrit contient quelques vérités ! si
l'écrit est une suite de mensonges, qu'on
le prouve et l'écrit tombe; d'ailleurs y a-t-
il dans l'univers des couleurs vives sans
fortes oppositions? Il faut ici-bas que tout
se mesure et se combatte ; je ne crois
à la vertu que quand elle sort d'une lutte
opiniâtre , je ne connois enfin que les contraires pour reconnoître et saisir ce qui
est réel. Une pensée n'est pas une action ;
les tribunaux ne peuvent réprimer que

les actions : si mon semblable adopte ma pensée, c'est qu'elle est juste, c'est qu'elle est bonne ; car je ne force pas son choix, son adhésion. Ma pensée n'est rien si personne ne l'adopte ; si ma pensée est faite pour renverser un grand abus, l'abus ne tombera que quand mes semblables auront senti le danger de l'abus : l'action de ma pensée est naturelle, et conséquemment légitime ; c'est elle qui modifie l'univers, mais sans l'adoption générale que devient-elle ? Je parle à des êtres intelligens comme moi, et si leur intelligence ne se joint pas à la mienne, c'est que j'ai mal vu ; si elle s'y joint, ce n'est plus moi qui agit, c'est l'universalité, et cette loi prohibitive alors qui tuera le bras, l'activité et la conscience de l'homme. Vous voulez que l'homme agisse, et vous ne voulez pas qu'il pense ; anéantissez toute liberté, anéantissez l'homme, point de milieu ; des esclaves, des automates, ou des citoyens parfaite-ment libres.

Faut-il répéter ici que la pensée n'est pas plus dans un livre que la chaleur n'est dans le feu et le froid dans la glace : c'est le lecteur qui crée l'idée ; si son ame n'est point d'accord avec la vôtre, le livre n'est plus que du noir sur du blanc ; ainsi tombent les accusations folles, les assertions insensées ; ainsi la négative détruit l'affirmative ; ainsi, dans ce torrent d'opinions, tout ce qui est faute tombe, et la vérité surnage. Il n'y a donc point de libelle dès que la réponse n'est point interdite. Le patriotisme peut et doit avoir ses enthousiastes, mais c'est une réaction contre le débordement des cris anti-patriotiques : quand l'enthousiasme enfanteroit un monde nouveau, l'amour pour la patrie excuseroit de tels écarts ; et depuis Platon jusqu'à nos jours, ceux qui ne rêvent qu'avec ces trois points fondamentaux seuls, nature, liberté, équilibre, on peut opérer de grands changemens, ne font que pressentir les révolutions que le temps amène invinciblement sur la terre.

Nous ne disons point, il n'existe point des écrits coupables ; mais les écrits coupables sont ceux de lèse-nation ; eux seuls peuvent appeller la vindicte publique. Quand un individu veut être plus fort que la masse entière de la nation, quand il méconnoît l'empire du législateur, alors

il est soumis au tribunal qui doit punir
les crimes de lèse-nation ; mais où existe-
t-il, ce tribunal, où doit-il exister ?

L'Europe éclairée, et les gens de lettres
en particulier, ne sortent point de l'étonnement où ils sont d'avoir vu l'Assemblée
nationale créer un tribunal particulier, qui
peut se liguer avec les ennemis du corps
représentatif de cette nation, pour le sub-
juguer et l'anéantir. Le crime de lèse-
nation est dans la conduite des juges du
châtelet, et la France entière les accuse.
La rage ministérielle n'est plus qu'un véritable délire, elle anime ces juges iniques;
ainsi les Décemvirs, chez les Romains,
qui aspiroient à la tyrannie, n'avoient
garde de suivre l'esprit de la république,
et leur intention coupable n'est-elle pas
pleinement dévoilée ? Les juges du châtelet, en attaquant les écrivains patriotes,
font un coupable essai de la dissolution
du corps représentatif d'une nation souveraine ; ils usent des moyens les plus
odieux pour le replonger dans son premier avilissement, mais l'Assemblée nationale ne laissera point passer le plus bel
attribut de la souveraineté dans les mains

des juges du châtelet ; ce tribunal seroit
un principe de division qui pourroit dis-
soudre l'État, et la France n'offriroit plus
qu'un gouvernement bizarre, si l'Assemblée nationale s'ôtoit le pouvoir de juger
les crimes de lèse-majesté nationale.

Nous accusons les juges du châtelet du
crime de lèse-nation , et nous en rappel-
lons au pouvoir constituant pour qu'ils
soient cassés. Le pouvoir constituant est
produit par la nation ; il faut nier le pouvoir constituant , ou l'admettre sans réserve : où sera-t-il , s'il ne réside pas dans
les représentans de la nation ? Le pouvoir
constituant est un , les autres pouvoirs
sont produits par lui ; il égale , il sur-
passe toutes les autres volontés ; c'est à
lui que nous demandons la prompte cas-
sation du châtelet , parce que la liberté
nationale est plus menacée en ce moment
que lorsque les soldats du despotisme environnoient la capitale , parce que l'atrocité du complot appelloit l'insurrection ,
et que l'on oppose le fer au feu : mais
ici les principes de la constitution sont
minés , et l'on ne sauroit comprendre
comment un décret constitutionnel a été

livré aux juges du châtelet ; ce délit prouve
l'insidieuse adresse des ennemis de la révolution. Mais voici ce que Tacite adresse
à *tous* les peuples qui se croyent libres,
lorsqu'ils ont fait les loix, mais lorsqu'ils
ont en même-temps abandonné trop aveuglément leur exécution à des mains im-
pures :

Plus togâ quàm ense tyrannus scipsum servabit.

Quand une nation est menacée ou attaquée par une autre nation, que fait-elle ?
usage de ses propres forces pour repousser l'attaque. Si les représentans d'une
nation réunis pour lui donner une constitution politique sont attaqués par des
corps politiques particuliers ou par des
personnes puissantes, doivent-ils confier
le soin de leur défense et celui de leurs
opérations à d'autres qu'à eux - mêmes ?
Iront-ils créer un tribunal particulier, qui
peut se liguer avec les ennemis du corps
représentatif de cette nation pour le sub-
juguer et l'anéantir.

Tout ne dérive - t - il pas du pouvoir
constituant ? C'est une incroyable erreur
de l'Assemblée des représentans de la

nation, de ne pouvoir se défendre par elle-même contre les attaques qu'on voudroit lui porter, et de prendre d'autres moyens que prend et que prendroit la nation, quand elle est et quand elle seroit attaquée.

Il est inconcevable que l'Assemblée nationale aille créer un tribunal contre les coupables qui attentent au respect qui lui est dû ; les représentans de la nation ne doivent-ils pas se conduire comme feroit la nation elle-même en cas d'attaque ? Elle auroit dans sa main sa propre résistance ; elle chargeroit une portion de ses membres d'informer du délit et de lui en rendre compte, et elle jugeroit. Appeller une autre puissance à son secours, n'est-ce pas manquer à sa souveraineté ? Et qui doit juger des crimes de lèse-majesté nationale, si ce n'est la nation représentée ?

Les représentans de la nation se sont déja conformés à ce principe dans plusieurs occasions ; entr'autres dans l'affaire de Toulon, du prévôt de Marseille, des chambres des vacations des parlemens de Rennes, de Metz et de Bordeaux. Pourquoi donc l'Assemblée nationale a-t-elle attribué à un tribunal particulier, hors de son sein, le jugement de délits contre sa vie politique et contre ses décrets ? On ne peut douter que l'Assemblée nationale n'ait méconnu toute l'étendue des droits que la nation lui a conférés ; ils ne peuvent être que ceux qu'elle auroit exercés elle-même si elle ne s'étoit pas fait représenter.

De même que la nation auroit chargé une portion de ses membres d'informer contre les délits qui auroient pu la léser, et de lui en faire le rapport, pour qu'elle puisse juger en pleine connoissance de cause ; de même les représentans de cette nation doivent charger une partie d'entr'eux de l'information, d'en faire le rapport à l'Assemblée nationale, afin de la mettre à portée de prononcer les peines que comportent les crimes de lèse-majesté nationale.

C'est un très-faux raisonnement de dire que la nation ou ses représentans n'ont pas le droit d'exercer le pouvoir judiciaire, que ce seroit être juge et partie. Non-seulement la nation ou ses représentans doivent se réserver le jugement des

crimes de lèse-majesté nationale , mais
je soutiens qu'ils ne peuvent le conférer
à aucun tribunal particulier sans le plus
grand danger. Ni la nation assemblée , ni
ses représentans , ne peuvent sans doute
exercer le pouvoir exécutif suprême qui
est déféré au roi , ni le pouvoir judiciaire
dans ses détails , tel que de juger entre des
particuliers; mais lorsqu'il est question des
atteintes portées à leur existence politique
ou à la constitution , la nation ou ses
représentans en sont les seuls juges , et
le pouvoir exécutif ne peut sans se rendre
coupable se dispenser de faire exécuter les
jugemens prononcés par la nation ou ses
représentans.

Montesquieu dit (*Esp. des Loix*, *liv. VI*,
chap. V.) : que le célèbre Machiavel attri-
bue la perte de la liberté de Florence à ce
que le peuple ne jugeoit pas en corps,
comme à Rome, les crimes de lèse-majesté
commis contre lui; il y avoit pour cela des
juges établis.

Je conclus donc à ce que l'Assemblée
nationale décrète , comme article consti-
tutif, que le corps législatif pourra connoître et juger les crimes de lèse-majesté

nationale sans pouvoir le transmettre à aucun tribunal particulier.

N°. 32.

MAIN-MORTABLES.

LES corps ecclésiastiques se sont montrés les plus empressés à s'arroger le droit odieux de servitude, et à l'étendre au-delà de ses bornes.

Parmi les sujets du même monarque, l'intervalle d'un chemin ou d'un ruisseau condamne les uns à un opprobre éternel, et les dégrade jusqu'à la condition des plus vils animaux. Il est encore des français qui, lorsqu'ils meurent sans postérité, ne peuvent transmettre à l'héritier de leur sang cette terre que leurs travaux ont fertilisée, qui n'ont point la liberté de se choisir une compagne selon leur cœur, qui, lorsqu'ils s'expatrient pour aller jouir ailleurs des droits de l'humanité, sont poursuivis par leurs seigneurs, lesquels s'emparent de leurs biens par-tout où ils les trouvent.

L'entière abolition de cette dernière

trace des siècles de barbarie sera due au monarque régnant ; car la noblesse auroit propagé le crime antique , tout en accumulant des jouissances au sein de la liberté de la capitale. Il a fallu que la puissance royale fût établie dans toute sa splendeur pour faire cesser une contradiction bien singulière dans nos mœurs. D'un côté , on voyoit des naturels français esclaves sous la main d'un possesseur de fiefs ; de l'autre , des esclaves étrangers devenir libres dès que leur pied touchoit le sol de la France.

Le peuple avoit donc à supporter tout à la fois les droits féodaux , et les impôts de la royauté. Quand ce joug opprimoit une partie de la nation , ne gémissoit-elle pas alors sous l'esclavage le plus décidé ?

Mais si un dur intendant vient remplacer le possesseur de fief , la servitude rurale n'est-elle pas la même ?

Les main-mortables n'auront senti cette faculté bienfaisante des rois, qui peuvent affranchir les serfs des seigneurs , que quand plusieurs impositions excessivement onéreuses n'auront plus lieu : c'est alors que la liberté qui leur a été rendue leur donnera le courage de secouer entièrement les chaînes de l'infortune.

La main-morte , quoiqu'on dise autrement, dérive évidemment de l'ancienne discipline militaire ; c'est une véritable erreur de mots. Les main-mortables n'étoient que des *soldats* soumis aux *capitaines* ; l'abrogation de la main-morte est donc de droit, puisque la constitution politique est entièrement changée , et que ceux à qui ce droit odieux profite , n'apportent à l'État aucun des avantages qu'ils lui donnoient ci-devant.

Il faut souvent recomposer d'après la loi naturelle les loix positives des nations : *le droit maritime* , par exemple , est encore composé d'usages odieux , dignes de la férocité des temps barbares. Les loix les plus vantées ne sont souvent, aux yeux de la philosophie , que les erreurs de l'homme. Pourroient-elles avoir acquis une empreinte respectable , lorqu'elles ne sont fondées que sur un long abus ou sur l'ignorance du mieux ? Les lumières nouvelles sont faites pour opérer des changemens salutaires.

N°. 33.

D'UN ORGUEIL INCOMMODE.

Il n'est point de souverain qui, au septième ou huitième degré, ne compte un
pâtre parmi ses ancêtres, ni de pâtre qui,
au même degré, ne pût compter un souverain parmi les siens, si les pâtres étoient
aussi jaloux de compter le nombre de leurs
aïeux que celui de leurs moutons. Mais
quoique la nature fasse naître tous les
hommes égaux, les sociétés civiles mettent
de la différence entr'eux, parce qu'il y a
d'abord inégalité de force, de services,
de mérite et de fortune ; ensuite parce
que la liberté publique est composée véritablement des petits sacrifices de la liberté
particulière.

Admettons donc des rangs inégaux :
laissons tel homme occuper le plus de
place qu'il peut dans son imagination.
L'orgueil des grands est indestructible :
qu'il subsiste, mais qu'il soit dirigé vers
des choses utiles. La noblesse (de quelques ornemens qu'on l'environne) ne sera

jamais qu'une qualité accidentelle , tant qu'elle sera séparée de la vertu , c'est-à-dire d'actions nobles et personnelles.

La naissance toute seule ne donnera aucun droit à la gloire ; et si la noblesse veut métamorphoser ses titres en une espèce de superstition, il est toujours au pouvoir d'une nation éclairée de frapper par l'opinion et le dédain toutes ces formes hautaines, effrontées, inciviles : elles disparoîtront parmi le peuple , quand le peuple aura su les apprécier et les corriger par la voix de ses philosophes et de ses poëtes comiques. D'ailleurs , c'est à l'éducation de faire disparoître ces distinctious qui cessent d'être humilliantes quand on ne consent pas à être humilié.

Une réaction ferme de la pensée suffira pour adoucir la trop grande fierté des nobles , et pour décharger du poids de l'envie ceux qui ne le sont pas. Les qualités personnelles fixes pour ainsi dire chez un peuple , ôteront au préjugé de la naissance son imaginaire grandeur , et seront très-propres à faire comprendre l'égalité naturelle des citoyens.

Il dépend donc d'un peuple instruit de

fouler aux pieds cet orgueil incommode,
partage des nobles, et qui ne se rencontre
guère aujourd'hui que dans les monarchies héréditaires. Mais comme la majesté
de la couronne absorbe toutes ces petites
grandeurs ; que tous ces nobles, à commencer par le premier gentilhomme,
sont sujets, dans toute la force du terme ;
qu'on peut en faire hautement la judi-
cieuse réflexion, tous les sujets étant nécessairement à une égale distance du trône,
il faut combattre l'orgueil démesuré de la
noblesse, cette manie renouvellée de nos
jours, en lui montrant un maître sous qui
elle cesse d'être indépendante. Ainsi cette
illusion, qui n'est point faite pour notre
siècle, sera détruite, et il ne tient qu'à
la partie éclairée de le vouloir, en armant
à propos le ridicule contre ce jargon *d'ar-*
moiries et de *quartiers*, et ces enfantilla-
ges qui ne sont que de vains simulacres
de grandeur et de vertu. Comment pré-
tend-on en imposer ainsi, quand l'esprit
philosophique a décomposé depuis long-
temps ces puériles contre-sens, que la
vanité des courtisans et l'oisiveté des cours
ont voulu si faussement mettre en honneur

neur parmi des hommes éclairés et au-
dessus de ces prestiges ?

N°. 34.

DE LA LOI NON FAITE ET NON MOINS EXISTANTE.

La loi est la règle prescrite pour ordonner ou pour défendre ; mais quoi qu'en
disent certains publicistes, le vrai proto-
type de toute loi est la loi naturelle; toute
loi qui s'en écarte est vicieuse, et tôt ou
tard devient nuisible : mais la loi naturelle est dans ses applications une loi (si
j'ose le dire) *non encore faite;* elle n'a
été pour ainsi dire qu'apperçue, les superstitions politiques, plus honteuses que
les superstitions religieuses, ont créé des
espèces de mots et de cercles magiques,
hors desquels on nous annonce des abîmes;
mais le pied qui ose les franchir y trouve
une terre solide et ferme : les fantômes
appartiendroient-ils encore à la raison
d'un peuple renouvellé? tout nous pro-
voque à marcher vers la loi *non faite,* mais
existante.

Tome III.   S

C'est à la nation entière qu'il appartient de faire des loix, et comme une nation n'a d'existence et de force que dans
l'ensemble de toutes ses parties, elle doit
former un code non invariable; car les
loix ne sont au fond que des remèdes
perpétuellement applicables aux maladies
du corps politique : ces loix doivent être
combinées d'après la connoissance la plus
réfléchie du génie actuel de la nation,
et elles doivent rectifier tout ce qui ne s'y
trouve plus analogue.

Une nation n'est donc jamais liée par
ses institutions primitives, car elle se dé-
fendroit à elle-même toute amélioration,
toute perfection, ce qui seroit absurde
à supposer ; le gouvernement dépend absolument du génie du peuple, ses modi-
fications sont donc éternellement du ressort de la volonté nationale, et un État
ne devient une association légitime que
lorsque tous les individus obéissent vo-
lontairement et sciemment aux loix qu'ils
ont formées.

Ainsi, une nation ne sauroit s'enchaîner par un contrat ridicule au despotisme, ou à la déraisonnable opulence

d'un seul ; ce contrat est nul dans l'instant, à plus forte raison pour la génération suivante. Sans cela un peuple foible ou extravagant enchaîneroit sa postérité, couronneroit la tyrannie ou son coffre-fort, et les hommes ne seroient plus que de vils tributaires.

On ne doit concevoir les nations qu'avec la plénitude de leur existence, c'est-à-dire sortant chaque jour de l'état de nature, et se composant ou se recomposant d'une manière neuve ou nécessaire par cette puissance morale qui doit sans cesse agir, et qui forme l'association en réunissant les volontés individuelles.

Voilà pourquoi toute nation conserve éternellement le droit de son indépendance, parce qu'elle appartient à l'ensemble. Il y a tant à oublier, vu les anciennes et déplorables erreurs, que le plus grand service qu'un bon génie pourroit rendre à la nation, seroit qu'elle fût absolument sans mémoire pour le passé.

Malgré les publicistes qui, de nos jours, ont remplacé parmi nous les théologiens, ont pris leur méthode et leur langage, nous allons d'idées en idées, de réflexions

S 2

en réflexions ; la science du gouvernement se dégage de tous ses fantômes;
toutes les visions diplomatiques , les ter-
reurs chimériques qu'elles enfantent ne
pourront en suspendre les progrès. Nous
nous sommes déja apperçus que l'homme
n'avoit point d'autorité sur sa postérité,
parce que les droits de l'homme sont les
droits de toutes les générations; à plus forte
raison ne pouvons-nous pas être liés nous-
mêmes, si ces liens nous fatiguent et nous
déchirent. La politique n'a d'autres règles
que la plus grande somme de liberté et
de bonheur ; comme la politique préside
à tout , elle ne se trouve enchaînée que
par ce que la prudence et les circonstances
locales lui commandent de faire. La politique devant considérer sans cesse la
condition morale de l'homme , ne peut
ni ne doit s'opposer à tous les moyens de
perfectionnement par lesquels il tente
d'établir un meilleur ordre de choses :
l'homme marche donc , même à son insu,
vers les loix *non faites* qui reposent dans
le sein de la nature; là est la vie du corps
politique , la mort de l'orgueil insensé et

là destruction des chimères qui ont courbé et abâtardi la race humaine.

Pour bien comprendre ces neuves véri-tés, il suffit de bien examiner l'origine des loix : or on ne découvre que deux sortes de loix, les loix *faites* et les loix *non faites*.

La loi *non faite* est un rapport qu'une chose a avec une autre, qui est indépen-dant des choses, et qui existoit avant elles. Avant qu'il existât une ligne, il y avoit une loi qui, en supposant une ligne, la rendoit productible, et qui, en suppo-sant une autre ligne parallèle, avoit réglé que ces deux lignes ne se toucheroient jamais, fussent-elles prolongées à l'infini. Avant que le Créateur eût créé aucun in-dividu, il y avoit une loi suivant laquelle chaque individu devoit dépendre de celui dont il recevroit l'être et la subsistance.

Avant que Dieu eût créé les essences, il y avoit une loi suivant laquelle, entre deux essences égales, l'une valoit autant que l'autre ; le *deux* valoit le *deux* ; l'homme valoit l'homme ; par conséquent, il étoit déja arrêté que l'homme qui ne

S 3

priseroit point tout autre autant que lui-
même, contreviendroit à cette loi non
faite ; que si le *deux* étoit intelligent, il
devroit priser le *deux* autant que lui-
même, et que s'il ne le faisoit pas, il
pécheroit contre cette loi non faite.

Avant qu'il existât une société d'hommes intelligens, il y avoit une loi suivant
laquelle cette société supposée, chaque
homme de cette société ne pourroit point
en tromper un autre, ni le tyranniser, ni
le mépriser, parce que la vérité existoit
avant les choses, parce que l'art est pos-
térieur aux choses, parce que les trom-
peries, la fraude et le mensonge sont
postérieurs à l'art.

Avant que les hommes existassent, il
y avoit une loi suivant laquelle les hommes supposés créés égaux entr'eux, ne
devoient obéir qu'à leurs propres conventions ; de même aussi, en supposant
qu'un homme en obligeât un autre, cette
loi non faite vouloit que cet autre lui en
montrât de la reconnoissance et que l'ingratitude fût punie, parce qu'elle est op-
posée à la loi de la reconnoissance qui
existoit avant les choses : s'il arrivoit,

au contraire, qu'un homme en offensât un autre, la même loi vouloit qu'il fût puni à proportion de l'injure et du dommage qu'il feroit à cet autre, et cette punition avoit pour objet, non-seulement de venger celui qui recevroit l'injure, mais encore de servir d'exemple à ceux qui devoient en être les témoins.

Cette loi non faite est par elle-même une justice intrinsèque et universelle, qui embrasse tout ce qui est créé, mais qui existoit avant qu'aucun être fût créé. Cette loi invariable et éternelle est la seule qui puisse nous donner les justes rapports, régler les justes tendances de chaque individu avec tout autre individu.

L'homme étoit visiblement destiné à vivre en société avec d'autres hommes. Les passions personnelles dans tous les hommes, portant chaque individu à rompre les liens de la société, les hommes, pour réprimer cet abus, se trouvèrent obligés de se faire des loix qui donnassent de la force aux loix *non faites*, et c'est ce qu'on appella *droit des gens*, dont les loix obligent également toute la société humaine.

S 4

Mais comme cette société universelle
est composée d'une infinité de sociétés
particulières situées sous différens climats, et dont les rapports dépendent des
différentes situations de la nature dans
lesquelles elles se trouvent, les unes sur
le bord de la mer, les autres dans les
forêts, les autres dans les montagnes,
les autres susceptibles de différens com-
merces, les législateurs ont donné différentes loix à ces différens peuples, et c'est
ce qu'on appelle *loix civiles*; et comme
l'homme pourroit aussi s'oublier lui-
même, et qu'il oublioit souvent ses devoirs envers lui-même, les philosophes
ont fait ce qu'on appelle les *loix morales*.

Mais toutes les loix, soit écrites, soit
civiles, soit de tradition, sont autant de
moyens inventés pour nous faciliter l'intelligence et l'exécution des loix non
faites; celles-ci sont proprement les bonnes
loix, les loix sublimes; c'est qu'elles sortent du *droit naturel*: la transgression
des loix naturelles sont les causes les plus
étendues et les plus ordinaires des maux
physiques qui affligent les hommes. Les
hommes réunis en société doivent donc

être assujettis à des loix naturelles; ces loix ne sont pas encore *faites*, mais elles n'en existent pas moins, parce qu'elles seules pourront amener l'ordre positif le plus avantageux aux hommes. Tous les hommes et toutes les puissances humaines doivent être soumis à ces loix souveraines instituées par l'Être suprême; elles sont immuables et irréfragables, car l'homme a toujours le droit de faire ici-bas sa *part de liberté* la meilleure possible; cette supériorité appartient à son intelligence, il la tient de l'Auteur de la nature, qui l'a décidé ainsi par les loix d'égalité qu'il a instituées dans l'ordre de la formation de l'univers : or, il n'en est pas autrement de l'ordre moral et politique; toutes les loix positives nuisibles à la société doivent disparoître, fussent-elles appuyées par tous les publicistes, parce qu'il s'agit ici de la raison exercée, étendue et perfectionnée par l'étude des loix physiques et naturelles.

Les loix *non faites*, voilà les loix admirables et qu'il faut développer; elles seules nous feront connoître avec évidence la marche des loix naturelles, deviendront

la règle du meilleur gouvernement ; et
puisque la misère , la douleur , les agita-
tions intestines sont le fruit non équivoque de la plupart de nos loix , il faut
chercher dans les loix *non faites* l'autorité tutélaire dont la protection garantit
le droit naturel de chaque individu ; ce
droit n'est jamais restraint, et ne sauroit
l'être, car il s'étend à raison des meilleures
loix possibles qui constituent l'ordre le
plus avantageux à tous.

C'est faute d'avoir remonté jusqu'aux loix
non faites que les publicistes se sont formé des idées si différentes , et même si
contradictoires du droit naturel de l'homme ; les publicistes ont égaré les peuples
en voulant concilier des choses inconci-
liables ; se payant sans cesse de mots , ils
ont perpétuellement confondu la souveraineté et le souverain : de-là toutes les
erreurs qui ont désolé l'espèce humaine.
Pourquoi les temps qu'on appelle d'ignorance , ont-ils vu les gouvernemens les
plus sages s'établir? C'est que l'avidité des
riches n'avoit pas encore su profiter du
besoin du pauvre , et que l'inégalité des
citoyens n'étoit pas un obstacle à l'ouvrage
de la raison.

Le premier principe de tout gouvernement et de toute doctrine sur le gouvernement, doit être le bien public ; ainsi,
malgré la logomachie des publicistes, les
principes sont indépendans, parce qu'ils
doivent tout régir. Eh ! les loix que l'Auteur de la nature a instituées sont justes
et parfaites dans le plan général : il faut
les chercher, ces loix immuables ; nous
nous en approchons depuis quelques
temps, mais elles ne sont pas encore
faites. L'homme doué d'intelligence n'a-
t-il pas la prérogative de pouvoir du moins
les contempler, en attendant qu'elles se
réalisent ? et lorsque les hommes auront
encore épuisé et beaucoup d'erreurs et
les maux qui en sont la suite, ils sentiront la nécessité de renoncer à la plupart des loix faites pour recourir aux loix
non faites, les seules qui puissent assurer
constamment la gloire et la tranquillité
de l'espèce humaine. La nature les y
convie, car les loix *non faites* seront les
loix impérieuses auxquelles elle les for-
cera de revenir ; alors les hommes ap-
percevront la beauté et l'utilité de ces
loix *non faites*, quand ils auront méprisé

la voix trompeuse des publicistes pour
écouter celle des philosophes : eux seuls
sont législateurs et les autres en usurpent
audacieusement le nom. Les publicistes
méconnoissent l'empire des loix humaines
et y substituent des individus ; mais si la
dignité de l'homme est dans la perfectiou
des loix politiques, s'il n'y a de monarques que Dieu, si l'homme également
pourvu de bras met tout en action sur la
terre, c'est à lui de composer enfin le
gouvernement : il existe dans toute sa
beauté, dans toute sa majesté, dans toute
sa simplicité ; il existe dans les loix *non
faites* : les faire descendre du ciel sur la
terre, voilà l'ouvrage qui seroit digne de
ce siècle ! une régénération aussi belle
n'est pas faite pour s'arrêter. L'on se sent
grand, l'on se sent fort dès qu'on est
hors des publicistes, dont la sphère est
toujours bornée. Puisque le premier sillon
lumineux a brillé à nos regards dans la
Déclaration des droits de l'homme, ne
désespérons point de voir les individus
faire place aux loix ; les convulsions de
l'égoïsme, les clameurs de l'orgueil féroce, les discours des ames viles ou vé-

nales, les complots des ennemis de la
liberté, les trahisons des couronnés, leur
infernale coalition, qui tournera contre
eux-mêmes; rien ne peut empêcher la
raison et la justice, qui sont à côté de
l'homme, d'élever leur voix; l'homme ne
sera point asservi, parce qu'il cherchera
dans l'auguste sanctuaire de la nature
les loix *non faites*, qu'il les appellera à
son secours, et que tous les efforts
contraires ne feront point obstacle à la
publicité des loix *non faites*; elles arrive-
ront, je l'espère, radieuses de leur beauté
innée, au jour prescrit pour la fin de
l'avilissement et des longs malheurs de
l'espèce humaine.

No. 35.

ORAISON FUNÈBRE
DU CLERGÉ DE FRANCE (1).

MESSIRE CLERGÉ dont nous faisons les
offices, mes très-chers frères, naquit en

---

(1) Cette plaisanterie courut le lendemain de
son extinction.

France au milieu du deuxième siècle, de
parens italiens et fort pauvres. Pour le
contrarier, on n'avoit qu'à lui parler de
son origine primitive ; furieux, il en rou-
gissoit. Messire clergé devoit enseigner en
France la religion par la pratique constante des vertus qu'elle ordonne ; il ne
devoit régner que sur le *spirituel*, mais
l'on vit naître en lui, dès le troisième siècle,
l'ambition d'étendre ses droits et sa puissance sur le *temporel*.

Aux quatrième, cinquième, sixième et
septième siècles, messire clergé acquit des
richesses immenses, augmenta son crédit
et eut une grande influence dans les affaires de l'État; il n'y avoit rien de plus facile :
les peuples, écrasés de maux, cherchoient
auprès de lui un refuge et lui faisioent de
riches donations pour racheter leurs péchés. Messire clergé mettoit parmi les
articles de foi que de riches présens faits
aux églises ouvroient les portes du paradis et fermoient les portes de l'enfer.

Au huitième siècle messire clergé fit
paroître son mécontentement contre Charles Martel, qui tenoit sous sa tutelle les
rois fainéans : celui-ci lui avoit envahi

quelque possession, et messire clergé, qui
n'aimoit pas à perdre, étoit prodigue d'anathêmes : dans ce temps-là on vit des
laïques gouverner des paroisses.

Au neuvième siècle Charlemagne fit à
messire clergé de sanglans reproches sur
sa passion pour les biens terrestres. Quoi !
lui dit-il, vous avez renoncé au monde et
vous cherchez tous les jours à augmenter vos biens par toutes sortes d'artifices;
vous promettez le paradis, vous menacez
de l'enfer, vous vous servez du nom de
Dieu ou de celui de quelques Saints pour
dépouiller le riche et le pauvre qui ont
la simplicité de se laisser surprendre ;
vous voyez bien, messire clergé, que vous
privez de leurs biens les héritiers légitimes ! si cela duroit, mes sujets seroient
bientôt ruinés. Mon cœur paternel souffre en vous faisant ces reproches, aussi
j'espère que vous mettrez des bornes à
votre ambition démesurée. Ces reproches firent sur l'esprit de messire clergé
le même effet que font sur l'abbé Maury
les réponses dont on terrasse ses sophis-
mes. Les aristocrates sentent bien qu'ils
sont coupables, mais ils ne se corrigent

pas. Messire clergé fit de même, et s'abandonna à des frémissemens de colère inutile ; et pour se venger ensuite de la dure mercuriale que lui avoit faite Charlemagne , il se révolta bientôt contre les droits de la couronne et contre la personne des souverains.

Louis-le-Débonnaire voulut s'aviser de réformer les mœurs de messire clergé , celui-ci fit mettre ce roi dans un sac de pénitence, et trouva des exécuteurs pour cette insolente et ridicule farce ; il disposa du sceptre royal, et il fut conduit à cet excès d'audace parce que Charles-le-Chauve avoit eu la foiblesse de se reconnoître son justiciable.

L'ignorance voluptueuse de messire clergé , dans les neuvième, dixième et onzième siècles, étoit telle qu'il ne savoit pas signer, ou s'il signoit, c'étoit à peu près comme défunt Christophe de Beaumont, qui épeloit ses mandemens. Un auteur contemporain sans doute , attaque plaisamment cette ignorance cléricale : *Otius deditus erat (clerus) gulæ quam glosiæ. Otius colligebat libras quam libros ; libentius intuebatur Mariam quam Marcum,*
malebat

malebat legere in Salomene quam in
Salomone.

Voilà du latin, mes freres, plus facile
à comprendre qu'à expliquer : malgré son
ignorance, messire clergé sut tourner à
son profit la stupidité des peuples ; les
donations se multiplièrent. Il eut dans ce
temps-là une guerre théologique à soutenir : messire clergé aimoit les guerres théologiques, parce qu'il embrouilloit alors à
souhait les moindres efforts de la raison
humaine ; cette guerre théologique donna
naissance à une secte dite des stercoro-
nistes.

Messire clergé, gras de bonne chère,
voulut goûter du fruit défendu. On trouva
mauvais son concubinage, à cela il répondit victorieusement qu'on pouvoit chercher des anges pour gouverner l'église.

Au douzième siècle, messire clergé eut
quelques disputes avec les moines, qui devenus friands à leur tour de la crédulité
des peuples, avoient enlevé aux evêques
quelques oblations des vivans et de morts.
Messire clergé craignit beaucoup que ces
moines, déja enracinés dans l'esprit dévot

Tome III.   T

ne prissent fantaisie de s'emparer de son anneau et de sa crosse.

C'est dans ce siècle que messire clergé fut épris tout à coup d'une gloire martiale ; il la chercha dans les croisades, conquêtes encore plus temporelles que spirituelles : tous ceux qui arboroient la croix obtenoient la rémission entière de tous leurs péchés, et les ames des soldats de l'armée outre mer qui avoient le bonheur d'être tués, étoient immédiatement admises aux joies du paradis. L'histoire parle peu des faits et gestes de messire clergé dans ces guerres saintes, mais elle nous le représente changeant de costume, habillé d'étoffes précieuses ; il portoit un baudrier, de beaux éperons, un coutelas garni de pierreries pendoit à sa ceinture dorée. Messire clergé aimoit un peu le faste, il s'étendit si loin qu'on réforma ses écuries ; il ne put avoir tout au plus que cinquante ou quarante chevaux ; on lui défendit de conduire des chiens et des oiseaux à la chasse, et sur-tout lorsqu'il faisoit la visite de ses curés : ceux-ci étoient vraisemblablement plus riches

alors que ne le furent depuis les curés à
portion congrue, car une portion congrue
auroit à peine suffi pour donner à messire
clergé une légère collation.

Au treizième siècle, messire clergé
sentit poindre les forces de son génie ; il
fit ses études à l'université de Paris. La
théologie scolastique, avec son cortége de
distinction et de subtilité, étoit alors le
chef-d'œuvre de la science ; il épuisa tout
son esprit dans des discussions aussi fri-
voles que pénibles ; il s'environna d'idées
fantastiques qu'il échangeoit contre d'autres, voulant donner un corps réel à tous
ces êtres impalpables : c'est dans ce même
siècle que messire clergé fit établir un
tribunal d'inquisition, lequel faisoit gril-
ler les hérétiques comme des victimes
agréables à Dieu.

Au quatorzième siècle, Philippe-le-Bel
assembla les états-généraux de son royaume ; pour la première fois le tiers-état y
fut appellé, et il fut très-chatouillé de
cet honneur, car il ne savoit pas encore
qu'il étoit la nation, et c'étoit la philosophie et les philosophes qui devoient
le lui apprendre. Dans cette assemblée,

messire clergé commença par biaiser ;
puis il donna des actes d'adhésion fort
équivoques. Dans le même siècle il fut
exclu du parlement et réduit à sa seule
spiritualité, ce dont son orgueil mondain
fut fort humilié.

Au quinzième siècle, messire clergé fut
coupable d'un grand crime ; il contribua
beaucoup à la mort de la brave Pucelle
d'Orléans, cette martyre de la patrie
qu'on vit périr dans les plus cruels tourmens. En même temps, vers ce temps,
la dispute des réalistes et des nominaux
fixa l'attention de messire clergé, et
d'après l'intérêt de sa politique avide, il
fit de cette controverse une affaire de religion, et même d'État.

En tout temps messire clergé aima fort
les bûchers ; il se régala plus d'une fois de
l'odeur de vingt ou trente mille hommes
brûlés pour un argument théologique.
L'excommunication fut toujours pour lui
un jeu qui précédoit la brûlure.

Au seizième siècle, une grande jalousie
survenue entre les incroyables fermiers
des bureaux d'indulgences, les désordres
de messire clergé, les scandales de ses

plaisirs, les monstruosités de sa domination orgueilleuse, donnèrent occasion à la naissance des réformes de Luther et de Calvin. Ces grands flagellateurs de l'insolence et de la cupidité de messire clergé firent battre de la monnoie de tout ce qui se trouva d'or et d'argent dans les églises ; l'on brûloit les archives, l'on décloîtroit les religieuses : mais tandis que messire clergé se battoit théologiquement, et qu'il avoit totalement oublié la morale pour les inintelligibles matières de controverses, le bon Henri IV lui fit de tendres reproches sur sa manière d'instruire le peuple. Prêchez par vos bons exemples, disoit-il ; faites que par votre conduite le peuple soit incité à bien faire : je voudrois de tout mon cœur faire ce que vous me prêchez, mais vous ne pensez pas sans doute que je ne sache point ce que vous faites.

Au dix-septième siècle, messire clergé, intolérant depuis quatre siècles, et voulant couronner son intolérance du diadême royal, crut faire un grand coup de politique en conseillant à Louis XIV la révocation de l'édit de Nantes : mais il se trompa très-fort ; il sema contre le mo-

T 3

narque, contre lui-même, contre la splendeur nationale, des germes d'indignation,
de vengeance et de patriotisme. Vainement voulut-il égarer les esprits dans les
débats du jansénisme; vainement fit-il
des confesseurs du roi, des princes et des
princesses, des personnages importans,
sa coalition avec le satrapisme devoit être
de courte durée; encore un siècle et ce
colosse insultant à la raison humaine,
rangé parmi les derniers courtisans, alloit
tomber, parce que son opulence vicieuse
n'étoit pas même rachetée par ces vertus
rares que la politique la plus commune
lui commandoit.

Au dix-huitième siècle, une nouvelle
ambition vint saisir messire clergé, ce
fut un amour excessif pour le ministère;
messire clergé voulut régir l'État. Les
administrateurs mitrés sont de mauvais
administrateurs.

L'opulence du clergé, sa nullité pour
l'enseignement, le rôle avilissant qu'il
jouoit dans le palais des monarques, la
contradiction palpable entre ses devoirs et
sa conduite, tout fait voir que le magnifique clergé étoit un mortel très-ordinaire.

Cela n'est que trop vrai, mes très-chers frères : un portrait moral, sans le vernis des vertus, est toujours mesquin. Nos dignes représentans ont fait avaler à magnifique clergé une potion composée de mâle et foudroyante éloquence, de logique pressante, de principes vrais et chrétiens; en vain les abbés Sieyes, Maury, d'Eymar, ont-ils voulu s'opposer à l'effet salutaire, il falloit, pour sa gloire et pour son salut, que magnifique clergé décédât : il est décédé. Toute la famille de magnifique clergé est dans la plus grande désolation ; la bonne veuve la papauté est très-piquée que son fils le crossé et mîtré ait fait son testament en faveur de la nation. La nation n'a fait que reprendre ses concessions : épurées, elles vont salarier des fonctionnaires utiles. Une grande lèpre est ôtée de dessus le corps politique ; plus sain, plus robuste, il ne sera plus rongé par des *princes* dits *ecclésiastiques*, et comme la régénération est complette, l'autel du Dieu pauvre rassemblera plus d'adorateurs ; ils seront plus disposés à recevoir les paroles de l'Évangile. Magnifique clergé est mort; ceux qui lui donnent des larmes sont en petit nombre, bientôt ils se joindront à la nombreuse et saine partie du royaume qui s'écrie : *Il a vécu bien long-temps, magnifique clergé, requiescat in pace.*

P. S. Toutes les espèces de superstitions étoient venu fondre dans nos climats ; les moines, la pluralité des bénéfices, toutes les professions oiseuses dévoroient la substance des peuples : la théologie sur les bancs faisoit retentir les écoles de bruyantes disputes ; les docteurs fourrés, les bibliothèques de commentaires sur le droit canon, que d'heures précieuses consacrées à l'inutilité !

Nous avons émondé les branches gourmandes de la puissance ecclésiastique, elles sont coupées ; les prêtres ne sont plus dans l'indépendance absolue des loix politiques ; le clergé n'est plus associé aux *ordres de l'État*, avec le droit de la prééminence ; sa supériorité sur la puissance temporelle n'est plus que l'objet de la dérision ; il n'interpose plus son autorité dans toutes les affaires des souverains. Le temps n'est plus où l'on ne voyoit briller que le glaive de l'Église et

les foudres qui partoient du siége très-
élevé de *Pierre*. Les fameuses querelles
sont mises en oubli ; les déclamations des
moines sont renvoyées à leur origine purement ultramontaine. Nous appercevons
de loin l'Espagne et le Portugal soumis à
l'inquisition comme des peuples stupide-
ment endormis sous un joug sacré ; l'esprit des lettres a rendu aux philosophes
toute leur audace ; ils ont introduit parmi
les sociétés chrétiennes une harmonie élevée et douce , une subordination tempérée , et le respect pour les premiers principes a saisi dans l'esprit de religion son
plus bel attribut, la tolérance.

Nº. 36.

Du Gouvernement Féodal.

Voulez-vous voir les fureurs du gouvernement féodal ? L'impératrice de Russie a fait massacrer un village entier qui
avoit tué son seigneur ; on n'a épargné
ni les femmes ni les enfans. Cet acte de
cruauté est pleinement dans le génie pervers de la noblesse.

Nos *princes français* vouloient à la lettre faire un ordre d'hommes différent chez les hommes, mais les peuples tour-à-tour sont les rois de la terre. Nous voilà donc, nous autrefois sujets d'un roi, et même des princes, à présent sujets d'une patrie.

N°. 37.

Du Titre d'Empereur.

Les malheureux humains se laissent guider par des mots : la suprématie de l'empire ne fut due qu'au seul titre *d'empereur;* ce fut ce titre qui aida l'autorité dans les princes ambitieux, qui la conserva aux foibles; ce fut l'opinion que les peuples attachèrent au mot *d'empire* qui les soumit à *l'empereur.* Ainsi ce fut par une étrange ignorance des droits de l'homme, et par l'acception bien plus étrange encore de ce terme, que s'agrandit et s'éleva sur l'Europe cette maison d'Autriche qui, sans Richelieu peut-être, se la fût soumise.

Dès ce jour les empereurs se crurent

de légitimes successeurs au *patrimoine des Césars*; outre ces prétentions ils s'arrogèrent des droits avilissans pour l'homme et pour les nations, et l'imposant du *mot* fit qu'elles reconnurent une suprématie usurpée.

Des grands tinrent des fiefs et en reçurent des titres, des villes convinrent qu'elles en étoient les esclaves; des souverains consentirent à n'avoir que les empereurs pour héritiers de leurs domaines et de leurs sujets, il n'y eut guère que les papes qui, donnant aux empereurs la sanction de cette abusive autorité sur l'univers, refusèrent de s'y soumettre : bientôt jaloux de la conserver pour eux-mêmes, au moins sur l'Italie, ces prétentions de part et d'autre causèrent pendant plus de six cents ans cette lutte sanglante du sacerdoce et de l'empire, où les princes de l'Europe s'engageoient pour l'un ou l'autre parti, suivant le préjugé qui les décidoit; ainsi l'exaltation d'un seul mot a désolé le genre humain faute de lumières sur l'interprétation d'un titre.

Lorsque les papes payèrent les services des devanciers de Charlemagne du vain

titre de patrice de Rome, Léon se hazarda
a déclarer Charles *empereur !* Sa politique
n'y trouva pas moins son compte que sa
reconnoissance ; cette flatterie envers un
prince puissant le dispensoit de toute dépendance des empereurs d'Orient, lui as-
suroit un protecteur contre ses ennemis,
et dans le fait, ce nouveau titre ne paroissoit pas devoir plus nuire à ses droits
ni plus gêner son autorité que celui de *pa-*
trice, puisqu'il étoit certain que Charles
ne résideroit jamais à Rome. Le peuple
de son côté, ébloui des qualités guerrières
de Charles, importuné du crédit des évêques, se jugeant avili par la magistrature
d'hommes privés, qui le gouvernoient sous
le nom dégradé de senateurs, emporté par
l'attrait de la nouveauté, reçut le nouvel
empereur avec des transports et des accla-
mations particulières à l'enthousiasme ita-
lien.

Charles fut proclamé : *l'évêque* de Rome
ne croyoit donner qu'un titre, orner seulement sa reconnoissance d'une ombre de
grandeur inutilement apparente, et le pape
ne savoit pas ce qu'il donnoit; néanmoins
il le revêtoit effectivement du pouvoir le

plus dangereux dont un prince puisse être
armé ; pouvoir dont aucune convention,
aucun contrat entre le peuple et le souverain n'avoient réglé les conditions,
n'avoient borné l'étendue; titre d'ailleurs
dont tout prince se plaît à parer sa vanité,
qui s'en augmente, parce qu'il désigne la
plus noble des dignités souveraines ; titre
avec lequel il peut le plus pour son ambition, parce qu'il est indéterminé; qui en impose le plus aux peuples ; qui les dispose
à plus de respect, à une plus efficace soumission, parce qu'ils en connoissent moins
les droits ; qui les résigne à de plus grands
sacrifices, parce qu'ils mesurent les leurs
plus encore sur le titre du prince que sur
leurs facultés. Mais *l'évêque*, le peuple,
Charles lui - même, étoient bien loin d'i-
maginer l'autorité que ce fatal titre alloit
déposer entre les mains de ses successeurs,
les guerres, les dévastations, les crimes,
les attentats , les horreurs de tous les
genres dont il seroit la source. Sans cette
détestable flatterie de *Léon*, jamais aucun
des lâches, des idiots, des pervers descendans de Charles , se fût-il avisé de
prendre le nom *d'empereur*, loin de Rome,

où nul d'entr'eux ne résida? jamais, à
l'extinction de cette coupable race, fût-il
venu dans l'idée d'un comte ou d'un duc
tudesque , qui commandoit au plus à
quelques milliers de serfs dans les forêts
de Franconie , dans les forêts et les rochers de la Bavière ou de la Suabe, de se
donner le titre des vainqueurs de la terre ,
et de se persuader que ce titre établissoit
leurs droits sur les États qui avoient composé le domaine de Rome en occident,
et particulièrement sur l'Allemagne et
l'Italie entière ? Mais ce *titre* une fois
reçu et en crédit, le gentilhomme qui s'en
trouvoit décoré, quoique souvent du plus
mince alloi, n'en concevoit pas de moins
hautes destinées pour lui et sa maison.
Chaque titulaire n'eut rien plus à cœur que
d'en faire servir l'autorité à l'établissement
ou à l'agrandissement de la sienne. Ce qui
irrita davantage encore cette passion dans
la plupart , ce fut de voir un prêtre, dans
Rome, à la faveur *d'un autre titre* dont on
n'entendoit pas nettement la signification,
arriver, par des voies détournées et insi-
dieuses, au crédit que ses pareils prétendoient exclusivement sur l'Italie , autre

cause qui rendit l'empire et les empereurs
si funestes à l'Europe.

L'indiscrète admiration où nous sommes
tombés à l'égard du *trône* de *Rome* et de
celui de *Vienne*, a plus fait pour leur grandeur que leurs succès même ; dans l'histoire de notre pauvre humanité, par-tout
l'on voit le fatal exemple du pouvoir des
mots sur les peuples, et combien il est périlleux d'en employer au hasard ; ainsi, en
décomposant les mots roi, empereur, majesté, trône, l'on économisera les malheurs du genre humain.

L'Allemagne est un amas d'États em-
barrassés de privilèges, de coutumes, de
loix, de monnoies, de préventions, de
prétentions, d'usages insensés, de barrières, de gouvernemens qui ne cessent
de se contrarier ; tant et de si petits et
de si pauvres souverains, par-tout opposés
les uns aux autres ; par-tout jaloux, par-
tout affectant l'importance d'une inimitié
naturelle, annoncent qu'il ne faut qu'un
trait de lumière parmi les peuples pour
mettre fin à ce chaos, et le jour arrivera.

N°. 38.

DU DANGEREUX CALCUL.

L'ARITHMÉTIQUE politique est née en Angleterre. Elle est de toute nécessité pour rectifier les erreurs ; mais elle sert en même-temps la tyrannie, parce qu'elle enseigne jusqu'à quel point on peut pressurer un peuple sans le faire beaucoup crier.

L'arithmétique politique devient admirable entre les mains d'un homme d'État ; mais c'est une arme dangereuse si vous la confiez à ces rigides calculateurs qui laissent à peine aux hommes le nécessaire physique. Si c'est un financier qui tient en main l'arithmétique politique, tremblez (1) ; il augmente la population, afin d'accroître les subsides. Le calcul rigoureux

---

(1) Le conseil des finances, établi par le régent en 1717, avoit pris pour devise une charrue sillonnant un champ, et avoit placé au bas ces mots, *secat* et *auget* : c'étoit l'inscription d'un gouvernement barbare, et qui de plus se trompoit lourdement.

Ôtera

ôtera au peuple ces moyens échappatoires qui diminuent le fardeau de l'impôt.

Si le calcul politique descendoit dans les accidens physiques et dans les révolutions morales qui changent la fortune des citoyens, il se rapprocheroit du bonheur des peuples; mais ce calcul devient fautif, en ce qu'il ne voit que l'argent à pomper. Le résultat du livre de M. Necker devient effrayant quand on voit ce que la nation paie et ce que l'esprit financier voudroit ajouter encore à cette charge énorme; car la nation marche sous ce poids annuel, et point de doute qu'une mauvaise politique ne dise, quelques millions de plus n'opéreroient pas une surcharge.

Si l'exécution est la pierre de touche des plus belles théories, l'arithmétique politique n'a pas fait en France tout le bien qu'on en attendoit, et tous les calculs n'ont abouti qu'à taxer de nouveau l'industrie. Quoi de plus injuste et de plus déplorable!

Ainsi, tout devient poison sur le bureau de l'homme qui n'est pas sincèrement attaché à sa patrie, et plus encore au genre humain.

On voit dans l'histoire que les républiques ont traité leurs sujets avec la plus grande sévérité. Le goût de la justice politique n'appartient pas toujours aux gouvernemens les plus libres ; ainsi une société devient tyrannique comme le plus fier despote. Les Anglois veulent de la liberté, mais pour eux seuls ; voyez le joug insupportable qu'ils ont imposé aux habitans de l'Inde.

Un tyran à quelquefois des momens d'humanité : un pur despotisme, entre les mains d'un individu dont le pouvoir seroit illimité, est moins terrible que l'opinion des sociétés républicaines, car celles-ci suivent leurs principes avec inflexibilité, et sont immiséricordieuses dans tous les instans.

Un tyran peut ouvrir les yeux sur les folies et l'énormité de ses ennemis : une république oppressive ne sait ni trembler ni rougir. Le grand mal se fait dans les sociétés nombreuses dès qu'une politique cruelle l'ordonne ; et la plus dan-

gereuse de toutes les tyrannies est dans la
tête des administrateurs, qui croyent ajouter à leur liberté en réduisant les autres à
l'esclavage.

Cette culture qui distingue les régions
de la liberté n'est pas permise à des mains
étrangères : la Suisse est hérissée de priviléges exclusifs ; là le cruel citoyen estime que l'air et les rayons du soleil lui
appartiennent, et qu'il peut en déposséder
celui qui se repose sur son sol.

Quand Rome n'avoit pas encore achevé
son plan de conquête, les Romains s'attachèrent les peuples conquis ; ils laissoient
les provinces libres de choisir le gouvernement qu'elles jugeroient à propos pour
leur police intérieure : les subsides dont
on chargeoit les peuples conquis tenoient
de l'affranchissement ; on les rendoit
maîtres de leur loi. Mais lorsque tout
fut subjugué, Rome, qui avoit su en-
chanter les peuples, ne négligea pas
de les effrayer. Elle envoya des pré-
teurs, des présidens dans les provinces.
Paul Emile reçut un ordre du sénat de
livrer l'Epire au pillage, il fut exécuté
dans toute la province : en un même jour

on fit cent cinquante mille esclaves, on saccagea soixante-dix villes. Quel tyran auroit donné un ordre plus cruel? C'étoit ainsi que la république romaine prenoit un essor indéterminé vers la grandeur.

Et pour descendre jusqu'aux plus petits objets, voyez dans les petites républiques, de quel orgueil insupportable se décore un petit habitant, qui avec la qualité de *bourgeois* se croit supérieur au reste de la terre, et qui persécute l'étranger de tout son pouvoir dans la petite ville où il exerce son autorité; il n'a pour tout titre, pour tout appanage que ce titre de *bourgeois*, et il en est infatué au point de prendre un ton d'insolence et d'audace.

N°. 39.

DES LOIX PRÉCISES.

IL y avoit en Angleterre une loi qui défendoit la *bigamie*, ou d'avoir deux femmes. Un homme fut accusé d'en avoir cinq; et comme ce cas n'avoit point été spécifié, on accorda la liberté à l'accusé, et puis il fut décidé qu'on donneroit une interprétation littérale à la loi, parce que, selon les Anglois, la loi ne doit jamais être équivoque. La loi reçut donc toute la clarté qui lui étoit nécessaire ; et il fut dit expressément que celui qui prendroit plus d'une femme seroit déclaré *bigame*, et conséquemment puni.

Vers le même temps, et dans le même pays, un homme coupa le nez à son ennemi : il fut question de le punir pour avoir mutilé un membre à un citoyen. L'accusé, dans sa défense, soutint que ce n'étoit point un membre : sur quoi intervint un acte du parlement, qui ordonna qu'à l'avenir le nez seroit mis au rang des membres.

Les loix qui sont *précises* ne donnent point lieu aux *subtilités*, et ce n'est que d'après les loix équivoques que les procédures s'enfantent à l'infini, et que les ministres subalternes de la justice vivent sur elles, ainsi que les vers se nourrissent sur les chairs putréfiées.

Les successions et les contrats sont en France les alimens les plus ordinaires de la chicane. Avocats et procureurs détestent tout ce qui est clair. Les notaires, par leurs expressions énigmatiques, ne paroissent pour ainsi dire occupés qu'à voiler leur ignorance et à tout embrouiller. Si les loix étoient énoncées littéralement, elles seroient interprêtées de même, et quelques cas ridicules que le hasard amèneroit n'empêcheroient point que ces loix ne fussent majestueuses.

Ainsi, la réforme la plus nécessaire que je connoisse dans la jurisprudence françoise, ce seroit de faire taire les avocats, les brouillons les plus déterminés qui existent sur le globe. Ils ne devroient que narrer, prouver et conclure par un court épilogue, ou plutôt on devroit *appointer* toutes les affaires, et puisque tout s'écrit avec rapidité, remettre l'instruction à la simplicité des écritures, ce qui seroit le préservatif de l'inutile et dégoûtant babil du barreau. On auroit plus de honte d'écrire longuement que de parler, et le *brailler* des avocats disparoîtroit du sanctuaire des loix, qu'il déshonore journellement

Lycurgue et Solon avoient défendu l'usage de cette verbeuse éloquence, qui ne faisoit qu'abandonner la route de la vérité;

et j'ai entendu de ces *parleurs*, qui s'emparoient de l'esprit des hommes foibles, et qui communiquoient leurs passions d'emprunt à l'auditoire, ainsi qu'un fou communique ses grimaces à ceux qui le regardent.

Autant l'éloquence patriotique est admirable dans ses grands mouvemens, lorsque, par la bouche des orateurs publics, elle tonne pour la cause nationale, comme elle tonna jadis à Athènes et à Rome, et de nos jours dans Londres, autant elle est vénérable lorsqu'elle parle au peuple sur les grands intérêts, qu'il sait juger à sa manière, c'est-à-dire par un instinct plus sûr que le raisonnement, autant elle est ridicule quand elle s'épuise sur des démêlés obscurs, et que servant de petites passions vénales, elle n'aboutit qu'à énerver les loix les plus sages. Alors elle enfante la *procédure*, et le nombre de ces instances par où un homme qui plaide est obligé de passer, avant d'arriver à la fin d'une contestation.

Des écritures artificieuses jettent un nuage épais sur le meilleur droit ; et comme tout ce qui prolonge les procès est

V 4

utile aux riches et nuisible aux pauvres qui plaident, ce sont les riches qui soudoient tous ces avocats *intrépides bavards*, qui lasseroient la patience des juges et épuiseroient leurs facultés si on ne leur imposoit silence, car ils chasseroient Thémis de son temple, et resteroient maîtres du champ de bataille, au mépris de toute justice.

C'est une chose déplorable que de voir ces avocats indifférens à la cause que le sort leur amène, la poursuivre à toute outrance: or, s'il y avoit autant de tribunaux que l'échelle mystérieuse de Jacob eut jadis d'échelons, aucune cause ne seroit sans appel, et ils disputeroient encore par delà le troisième ciel.

Nous nous permettons ces images dans ces discussions sérieuses, pour mieux peindre l'abus de nos jours qui, certes, mérite le plus d'être réformé, et qui fatigue à l'excès les juges, le public et les hommes sensés (1).

Car, je le demande, qui pourra dévorer la multiplicité des coutumes locales en

_____

(1) Il l'a été.

France? comment se faire jour à travers l'adoption d'une multitude de loix étrangères, la ténébrosité du code, du digeste et des loix nouvelles, l'accession des loix canoniques ; la variété des ordonnances, édits et déclarations, les recueils d'arrêts et d'arrêtés des tribunaux, les commentaires et annotations des jurisconsultes ? tout épouvante la patience, le raisonnement et les vœux de la philosophie.

La chicane suce le sang du peuple dans l'obscure jurisprudence des arrêts : quel sera l'heureux génie qui rendra les loix plus simples ? Un roi de la Chine fit fermer une mine de diamant pour ne pas détourner son peuple de l'agriculture : quel roi de France fera disparoître de son royaume l'épouvantable chaos où la justice s'égare si fréquemment ? Les écuries d'Augias ont trouvé jadis un *Hercule* pour les nettoyer ; sommes-nous condamnés à croupir dans un bourbier éternel ?

N⁰. 40.

Loi sage chez les Hébreux.

Si l'égalité politique est la chose impossible ; si Lycurgue lui-même a vu de son vivant le dérangement de son système ; si les démocraties ont vu leur principe d'égalité disparoître, si le remède du partage égal des terres est un plus grand mal que l'inégalité, le gouvernement ne doit pas du moins oublier qu'un individu ne devroit rien à l'État, si l'État ne lui devoit rien ; que la base de tous les corps politiques est dans un juste tempérament ; qu'ils se sont formés pour concourir au bonheur général en établissant celui de chaque membre, et que la loi doit réfréner, autant qu'il est possible, la cupidité qui entasse , pour adopter ensuite toutes les méthodes qui tendent à rendre les fortunes moins inégales.

Il étoit une loi éminemment sage chez les Hébreux : les ventes des terres ne subsistoient que quarante-neuf ans. La jouissance de l'acheteur avoit un terme assez long, et le vendeur n'étoit pas dépouillé sans retour de sa propriété.

Si l'État ne gênoit pas quelquefois l'avidité naturelle à certains hommes, qui font des profits énormes sur les revenus publics, toutes les richesses passeroient bientôt à la classe des publicains. Pour rompre la disproportion monstrueuse, et les inconvéniens qui naissent de cette disproportion, il est des systêmes qui balottent les richesses et qui arrachent les fortunes de certains coffres trop pleins pour les reverser ailleurs. Ces commotions, qui n'entrent pas dans un gouvernement bien ordonné, ne sont pas toutefois sans utilité, quand elles livrent une espèce de guerre à des fortunes illégitimement acquises, et fondées sur des malversations autorisées dans des temps de troubles. L'opulence s'est accumulée sur des têtes de traitans, ils ont mis à profit les malheurs de l'État ; mais bientôt vient le jour où l'État peut repomper ces coupables richesses : une certaine proportion se rétablit parmi les citoyens, et le déprédateur effréné ne porte pas du moins les derniers coups à la patrie.

D'ailleurs il semble que *Némésis* ait

jetté un décret sur toutes ces fortunes ra-
pides; elles dépérissent d'elles-mêmes en
un moment. Le scandale les avoit élévées,
de nouveaux scandales les détruisent : un
ver rongeur est au pied de l'arbre; il travaille sans relâche à en dévorer la racine.
Où sont maintenant les races de tous ces
Midas, sous les doigts de qui tout devenoit or ? J'ai vu la ruine subite de trente
maisons lâchement enrichies, soit dans le
ministère subalterne, soit dans le travail
odieux de la finance; j'ai vu les enfans de
ces pères criminels dissiper ces biens, ces
terres frappées de la malédiction publique.
Il en sera de même de l'opulence des agio-
teurs, des banquiers, des calculateurs,
des égoïstes féroces de nos jours; leurs richesses illicites seront dispersées, et le
mépris s'attachera à tous ces noms qui en
imposent par un faste extérieur.

Ce seroit un singulier tableau que celui
de tous ces riches financiers qui ont inondé
la France depuis la mort de Henri-le-
Grand! Où sont-ils, où est leur postérité ?
n'est-il pas bien étonnant qu'on n'en ap-
perçoive aucune trace ? A coup sûr il
faut qu'il y ait un ange exterminateur

chargé du soin de détruire tous ces fils de la fortune, tous ces colosses éphémères, qui menaçoient de tout engloutir ; sans cela comment expliquer un pareil phénomène ? Quelle consolation pour la vertu gémissante, et quelle leçon pour les brigands qui ne vivent que de rapines ! ils sont les premiers détruits par leurs systêmes destructeurs.

Quoi qu'il en soit, il est des révolutions qui, n'attaquant pour ainsi dire que les propriétaires de l'espèce monnoyée, ne sont pas tout a fait aussi nuisibles, aussi destructives, que si elles portoient sur la classe industrieuse ou sur celle qui cultive.

N.º 41.

RAPPROCHEMENT HISTORIQUE.

Nous nous rappellerons toujours les Gracques, qui ne voulurent faire usage des plus grands avantages que la nature et la renommée avoient cumulés sur eux que pour le bien de leurs concitoyens : l'aîné succomba ; toute la force du peuple étoit dans lui seul, le peuple tomba avec ce grand homme.

Le plus jeune des Gracques périt à la tête du même parti, pour la même cause, et dans la même circonstance.

Près de dix-sept siècles après, l'histoire a ramené le même événement en Hollande : de Wit, au milieu de ses services et de ses travaux, n'avoit eu pour objet dans tout que la gloire, le bonheur, et sur-tout la liberté de sa patrie; elle fut attaquée, il la défendit avec sagesse et intrépidité. Le parti qui le combattoit l'estimoit trop pour ne le pas craindre; il jugea à propos de s'en défaire par un assassinat : il avoit un frère aussi aimé, aussi estimable, quoiqu'avec une réputation bien moins grande; mais l'aîné n'étant point mort de ses blessures, le parti qui attaquoit le pensionnaire changea de moyens; on attaqua sa vertu, on publia une infinité de griefs, tous tendant à le rendre odieux. Ces persécutions furent si longues, si acharnées, si artificieuses, que M. de Wit prit la résolution de se défaire de sa place de pensionnaire de Hollande : il en fit la démission aux états assemblés, et elle fut acceptée. Cette démission enhardit l'animosité de ses ennemis; il devint l'horreur du peuple dont il avoit été l'idole; le peuple fut trompé, et il finit par massacrer les deux frères.

Les Lameth, que l'on avoit d'abord appellés les Gracques, ne seront jamais exposés à une pareille catastrophe.

N°. 42.

SOULÈVEMENT.

OSERAIT-on poser en doute la validité du soulèvement des Romains, chassant l'odieux Tarquin et abolissant la royauté? Avant eux, Athènes et Sparte avoient substitué un nouveau gouvernement à ces rois qui abusèrent aussi incroyablement de leurs pouvoirs. De nos jours la Hollande, la Suisse, l'Amérique, et enfin la France, ont renouvellé ce grand spectacle. Ah! si les Danois eussent fait périr le cruel *Christiern*, si les Hessois eussent déposé leur dernier *landgrave*, les Mogols, *Aurengzeb*, les Maroquins *Mutey-Ismael*; si les princes, secondant Philippe-le-Bel, eussent réprimé l'ambition insolente de *Boniface VIII*, auroit-on plaint ces dé-

testables souverains dans leur chute méri-
tée.

*Le premier qui fut roi fut un soldat
heureux ;* oui , et malheureusement, parce
que les hommes, faute d'égalité entr'eux ,
ne surent pas choisir un philosophe ou
un magistrat vertueux. Aujourd'hui l'éloquence, le sens profond, le génie dresse-
roient le trône : cependant nul n'a tout ;
l'homme le plus favorisé de la nature
rentre , par une infinité de points , dans
l'égalité morale.

Thomas Payne trouve une grande nullité dans le système *nommé monarchique ;*
il trouve une grande supériorité dans le
système *dit républicain* : il n'entend point
par *républicanisme* ce qui porte ce nom
en Hollande et dans quelques états de
l'Italie ; il entend simplement un gouvernement par représentation, un gouvernement fondé sur les principes invariables
de la *déclaration des droits* ; il se récrie
sur l'extrême danger d'une *liste civile* de
trente millions ; il ne conçoit pas de raisons pour qu'une des parties du gouvernement soit entretenue avec une aussi ex-
travagante profusion , tandis que l'autre
reçoit

reçoit à peine de quoi suffire aux premiers besoins.

Le gouvernement monarchique blesse plus que tout autre l'humanité, en ce qu'il dégrade la dignité et l'honneur de l'espèce humaine par le dégoût que l'on éprouve à voir des hommes dirigés par des enfans et gouvernés par des brutes : on ne peut se dissimuler tous les maux que la monarchie a répandus sur la terre, la misère, les exactions, les guerres, les massacres dont elle a écrasé l'humanité ; tout l'enfer, ajoute-t-il, est dans la monarchie.

L'histoire entière dit que le gouvernement monarchique est toujours le plus voisin d'une extrême corruption, et que c'est-là que la volonté particulière anéantit toujours à coup sûr, et d'une manière cachée et insolente la volonté générale : ce gouvernement devient tyrannique.

Lorsque cette fausse et monstrueuse idée fut établie, que les *états* étoient des *biens* ou des *terres* particulières, dont un *seul* homme avoit la propriété, alors la plus large porte fut ouverte à tous les déraisonnemens et à tous les crimes.

Tome III.   X

Aristote a fait l'éloge de la monarchie ; mais il bâtit lui-même l'excellence de ce gouvernement, en supposant un homme ferme, sage, éclairé, entre les mains duquel l'autorité seroit déposée et ne s'exerceroit que suivant des loix sagement établies. Il nous peint le souverain élevé au dessus des autres, autant par ses lumières et ses vertus que par sa puissance ; persuadé qu'il est lui-même comme la loi, qu'il n'existe que pour le bonheur des peuples, on compteroit plus sur la parole du prince que sur le serment des autres hommes : alors l'uniformité des principes, le secret des entreprises, la célérité dans l'exécution, inspireroient la confiance et le respect au dedans et la crainte au dehors ; mais ce beau idéal qui nous ramène à l'unité, ce principe fécond de la nature n'a lui qu'à de très-longs intervalles dans les fastes de l'univers.

Avouons que la liberté ne peut guère se trouver que dans les *formes démocratiques*, parce qu'elles seules donnent à chaque citoyen la volonté d'obéir ; elles le rendent maître de lui-même, égal aux autres, et précieux à l'état dont il fait partie.

Mais ces formes, sont extrêmement difficiles à établir. Un peuple agriculteur
seroit le meilleur de tous les peuples parce
qu'il est tout formé pour le gouvernement
populaire.

Au reste les hommes sont égaux dès
qu'ils ne dépendent plus que des loix, et
qu'ils sont tous également chargés du glo-
rieux emploi de contribuer au repos et au
bonheur de la patrie; dès que les loix
assurent l'indépendance de chaque particulier, tous les citoyens peuvent être aussi
libres les uns que les autres, car le vrai
caractère d'un gouvernement libre, c'est
lorsque les particuliers ne sont plus esclaves des hommes, et qu'ils ne sont plus soumis qu'aux loix.

Depuis le commencement de la monarchie françoise jusqu'en 1254 le peuple
ne fut rien et rien du tout; long-temps
après il ne fut pas grand'chose : on vient
enfin de détruire cet édifice gothique,
cette barbarie insolente, ce désordre politique et moral.

On avoit jugé la politique par des résultats toujours enchaînés à la force et à la
nécessité des temps, c'est ce qui avoit

toujours fait illusion aux plus habiles; mais tôt ou tard les loix se réveillent, suivant l'expression du cardinal de Retz, le peuple les reconnoît, il se lève des libérateurs et des vengeurs.

Quoi qu'on en dise les républiques de l'antiquité ont égalé la durée des monarchies, parce que le ministère entier n'est jamais corrompu chez le peuple, et que le génie de la multitude, bon en général, ne forme point des scélérats, ni ne les récompense connus comme tels, ainsi que fait le monarque, qui a toujours besoin d'agens aveugles.

Rien n'égale les ressources du génie républicain; les travaux, les sacrifices l'attachent encore à la patrie : toujours il reste dans le génie du républicain quelque chose de fixe, qui est l'amour de la liberté; et quelque soit l'âpreté des divisions, l'affection du citoyen ne s'éteint jamais entièrement.

Résumons: point de monarque qui n'ait voulu s'emparer du pouvoir d'asservir les peuples et de les détruire; ce pouvoir non raisonné a été depuis le commencement du monde la misère et le fléau de la société et du genre humain. Un monarque légitime devient usurpateur lorsqu'il s'empare de ce qui ne lui appartient pas : quelle folle imagination de se croire propriétaire d'un trône comme s'il s'agissoit d'une métairie ! quel excès de démence que de croire au prétendu droit de posséder une nation !

Jamais la monarchie ne peut rendre un peuple grand : là les charges ne se considèrent qu'en proportion de leurs revenus ; là on ne calcule que le crédit, la somme des rentes, les grades ; là l'imbécille peut exclure le capable et l'ame basse est préférée au cœur honnête ; là l'homme à sentimens nobles et patriotiques se distingue sous le titre d'enthousiaste, la soumission la plus respectueuse est le seul moyen d'avancement. La foiblesse, l'ignorance, l'avilissement descendent peu à peu des premières classes aux dernières, d'où un danger commun peut presque seul les arracher ; les grands se pardonnant réciproquement l'injustice, la croissent de toutes parts, et la réduisent en système.

Le gouvernement monarchique favorisera l'aristocratie héréditaire, qui, au rapport des plus grands philosophes , est ce qu'il y a de plus propre à étouffer la probité, les talens, le patriotisme.

Tout peuple, j'en conviens, ne peut pas s'élancer d'abord vers la démocratie ; il faut, ou l'explosion du plus grand courage , ou le produit du temps pour faire de l'extrait du concours des volontés particulières une volonté dominante propre à la félicité publique. Quand un peuple sera grandement et véritablement éclairé, il penchera vers le gouvernement démocratique, parce qu'il ne voudra plus pour chefs des êtres tout à la fois stupides et méchans , parce qu'il sera attentif à se laisser guider par de grands hommes qui l'éclaireront, parce que les qualités supérieures auront toujours sur lui un ascendant naturel ; ce qui constitue la liberté de ce gouvernement, c'est qu'on n'y obtient point la pluralité de suffrage sans quelque capacité peu commune.

Ainsi les lumières amènent la démocratie, et celle-ci élève à son tour le peuple au plus haut degré dont il est susceptible : son influence sur les grands objets, l'habitude de les discuter, tout aiguise, et

accroît son intelligence vers un degré inconnu sous toute autre constitution. Quelle
différence entre un paysan de Schwitz ou
d'Appenzell, ou un serf russe ou polonois.

Quant aux chefs démocratiques en butte
aux passions populacières, c'est un incon-
vénient ; mais , sous tous les rapports , ne
vaut-il pas mieux que plusieurs milliers
se vengent d'un seul que de voir un seul
s'amuser à en persécuter des milliers.

N°. 43.

Soldat - Citoyen.

Que ces deux mots ne soient jamais
séparés : parcourons l'histoire , et nous
verrons que dans toute l'antiquité on n'a
jamais mis aucune différence entre l'état
de citoyen et l'état militaire ; chacun étoit
obligé de combattre pour ses foyers. On
n'a commencé que tard à enrôler les soldats, et les romains enrôlés ne cessoient
pas d'être citoyens romains. Le despotisme commença lorsque les citoyens crurent que le commerce et l'agriculture ne
leur laissoient pas assez de loisirs pour

s'exercer au maniement des armes. Jusqu'à
Louis XIV on n'avoit vu paroître en cam-
pagne que des armées médiocres; dès
qu'on eut laissé ce monarque maître de
mettre sur pied des armées formidables par
leur nombre, la liberté nationale reçut le
plus grand échec; on s'accoutuma à penser
que les armées appartenoient aux monarques, et qu'avec des armées nombreuses
la guerre est plutôt finie. C'étoit une double erreur, la guerre de la succession d'Espagne a duré plus de douze années; la
guerre de 1756 (qui, à ce qu'on disoit
dans son commencement, ne devoit pas
durer deux campagnes), combien ne s'est-
elle pas alongée? Après la conclusion de la
paix la guerre subsista encore réellement
sous une autre forme, parce qu'il resta
encore sur pied des troupes nombreuses;
elles ont été les véritables supports du despotisme, mais en même-temps elles l'ont
fait trembler dès qu'elles eurent adopté
les premières idées patriotiques.

Que veut un despote couronné? se servir
de l'armée contre la patrie, voir l'armée
égorger l'armée, les citoyens massacrer
des citoyens; c'est en divisant le soldat du

citoyen qu'il met sa principale force, qu'en dissolvant ainsi tout ce qui adopte le généreux civisme.

Il n'y a jamais eu de plus grands traîtres à la patrie que ceux à qui elle a conféré les plus grands honneurs, et les places les plus éminentes : le couronné est toujours porté à se faire regarder comme au-dessus de l'humanité, à se donner pour une espèce plus approchante de la divinité que les autres hommes; il fera tout pour soudoyer des satellites, il leur inspirera des idées féroces, il les engagera à méconnoître ouvertement la patrie, la souveraineté de la nation, les droits des citoyens, et d'opposer à ces éternelles vérités ces mots de servitude, *moi, je sers le roi*; ainsi les fanatiques égorgeoient pendant la nuit de la Saint-Barthelemi, et disoient, *je sers Dieu*.

Mais le soldat-citoyen méprisera le langage caressant de la tyrannie, il aura toujours présent à l'esprit la loi fraternelle : comme il est sorti de l'état mitoyen, il sera humain et juste, car c'est dans cet état que l'on trouvera le plus de mœurs et d'honnêteté. Dans cette médiocrité heureuse l'homme content *de son sort*, n'éprouve et ne fait éprouve au autres ni l'orgueil méprisant qu'inspire les dignités, ni la soif de l'or que fait naître l'aspect du trône ; cet ordre respectáble pécuniaire du soldat citoyens aime les loix en même-temps qu'il est susceptible des plus grandes vertus.

No. 44.

DES SUISSES QUI SE VENDENT.

QUEL nom donnerons-nous à ces hommes qui font une profession particulière de massacrer des hommes ? ces mercenaires descendent de leurs montagnes pour louer leurs bras, pour les ensanglanter dans des querelles lointaines qui ne les intéressent point, pour les enfoncer dans les entrailles de leurs semblables ; l'issue de la guerre leur est indifférente, ils exercent un métier, quel métier ! tous les cantons Suisses ont beau dire qu'ils manquent d'argent et qu'ils en retirent par les dévastations et le carnage des humains, aucune nation du globe n'a fait une telle injure à l'humanité, car sortir de son pays

pour tuer et vendre son sang à autrui,
l'opprobre de cette sordide et sanglante
coutume n'a point d'expression qui puisse
la caractériser.

Ils prétendent avoir la liberté chez eux,
ce qui mérite d'être examiné : à coup sûr
ce sont les plus grands ennemis de la liberté des autres peuples ; je vois les Suisses
figurer pendant la ligue toujours en faveur du despotisme ; les plus grandes
cruautés ont été commises par eux. Cette
milice est sans aucune espèce de patrie,
et précieuse conséquemment à tout despote qui la soudoie. Je ne puis me défendre d'un sentiment d'horreur et de
mépris pour cette cohorte de satellites, qui
obéira en aveugles à tout couronné, et exé-
cutera, s'il le lui commande, un massacre
tel que celui de Tessalonique, c'est-à-dire
le plus atroce dont l'histoire fasse mention.

Ce qui distingue les véritables royautés,
c'est quand le roi, privé du droit de faire
la loi, mais chargé du soin de la faire
exécuter, possède assez de force pour réprimer les infractaires à la loi, mais point
assez pour opprimer la nation. On sent
qu'il ne doit pas avoir un corps de troupes

quelconque à sa disposition, parce qu'il pourroit abuser de ce moyen, mais qu'il doit avoir la falculté de diriger la force propre à soumettre les rebelles. C'est dans la mesure de cette force que gît le grand secret de la législation ; quand elle a su trouver cet équilibre, la constitution est heureuse.

Mais si ce qui environne le roi inspire la terreur, s'il s'environne d'une phalange soudoyée, d'une espèce de janissaires, la constitution est vicieuse ; il travaillera avec cette phalange, quelque mince qu'elle soit, pour attirer d'autres stipendiaires, et pour accroître son revenu ou ses prérogatives, plutôt que la gloire de l'empire ; c'est un satrape, ce n'est plus un roi.

Le gouvernement est mauvais dès que le roi a le funeste pouvoir de composer sa garde d'étrangers ou d'esclaves passifs, qui serviroient d'instrumens à ses fureurs ou à ses caprices, et dès-lors toutes les causes de destruction environnent à la fois le peuple et le trône. Le gouvernement, corrompu par la présence de ces satellites, ne peut naturellement se sou-

tenir que par les moyens les plus violens
et les plus honteux.

Des troupes étrangères dans la main
d'un roi ! Eh ! comment les peuples n'ont-
ils pas reconnu dans tous les temps que
les suites de cette horrible combinaison
devoient être épouvantables ? O Samuel !
combien tu avois raison d'effrayer par les
plus terribles tableaux des calamités sans
nombre, et qui accompagnent la royauté,
le peuple assez insensé pour demander
un *roi* !

Il auroit été impossible à tous les brigands de la terre, et à tous les voleurs
de grands chemins, de détruire autant
d'hommes en mille ans que Louis XIV
en a détruit pendant cinquante ; et sans
des soldats étrangers, peut-être n'eût-il
point courbé la nation sous un sceptre
aussi pesant.

Nº. 45.

Dialogue entre A. et B.

A. Depuis quel siècle le clergé fait-il
bande à part dans l'État ?

B. Depuis le règne de Charlemagne.

A. Ce Charlemagne aimoit donc bien l'église ?

B. Autant que ses concubines.

A. On dit cependant qu'il a fait de belles loix.

B. Très-belles.

A. Quel bien en ressentons-nous ?

B. Il mit le chant grégorien en usage dans notre église ; il érigea beaucoup d'évêchés et de monastères, et fit entrer à la cour, avec pompe, les ministres de l'humble religion que nous professons.

A. Ce prince étoit-il saint ou fou ?

B. Ni l'un ni l'autre. Il étoit ambitieux, amoureux et splendide ; il a fait des gens d'église un *corps* à part, qui dans les assemblées pompeuses des états-généraux, marchoient sur le ventre du tiers-état : c'est ce prince magnanime et bon chrétien qui a fait comprendre aux régions dont il s'étoit emparé, que des gens à qui il étoit ordonné de marcher nus pieds, sans bâton, sans bourse, et avec une seule houpelande, pouvoient, sans être réfractaires aux ordonnances divines, aller en voiture, avoir des maîtresses et des serfs, posséder l'or le plus pur d'un État et se

couvrir des dépouilles de l'Asie. Depuis
lui, le clergé se distingua des deux ordres
du royaume par la liberté de ne payer de
tribut que sous le nom de don gratuit,
de résister au souverain, de le déposer
même, quand il est réfractaire aux vues
ecclésiastiques. Il est vrai qu'au grand
scandale de Dieu et des anges, le pouvoir
de ce corps sacré commence à décliner.

A. Qui a pu occasionner cette révolution ?

B. La philosophie : aussi tonne-t-on
contre elle dans les villes et dans les
villages ; mais nosseigneurs du clergé ont
un plus grand adversaire à repousser, et
ils sont sans forces ; la ligue les a totalement absorbés.

A. Quel est ce terrible adversaire ?

B. La plaisanterie. On tourne en ridicule la morgue orgueilleuse avec laquelle
ils intimidoient jadis rois et peuple ;
on badine leur qualité d'*organe divin* :
eux - mêmes rougissent d'être ce qu'ils
sont, et s'ils pouvoient se défaire de la
crosse et de la mitre, et garder les revenus que ces hyérogliphes leur procurent,
on les verroit l'épée au côté, manger gras

le vendredi et entretenir une actrice de l'opéra publiquement. Ce qui les fâche, c'est qu'on donne chaque jour des projets raisonnés pour les dépouiller des richesses dont, après tout, ils font le plus salutaire usage ; car sans eux combien de marchands qui n'auroient pas l'occasion honorable de faire banqueroute ; combien de poulettes ne connoîtroient pas la vertu prolifique de la sainte église romaine ; combien de laboureurs seroient forcés de s'enrichir, en bien cultivant ?

A. Pourquoi leur ôter des biens donnés par la munificence de nos ancêtres ?

B. C'est pour imiter Catherine II, impératrice de toutes les Russies.

A. Qu'a-t-elle fait de si mémorable ?

B. Peu de chose : elle s'est emparée des biens ecclésiastiques en 1768, et pensionne aujourd'hui, trop grassement peut-être, les archevêques, évêques, moines et prêtres.

A. Les gens d'église sont donc bien riches en France ?

B. Ils possèdent un bon tiers des revenus du royaume.

A. D'où ont-ils tiré tant de richesses ?

B. De

B. De la foiblesse des rois, de la superstition des peuples, de leur pieuse industrie.

A. Qu'entendez - vous par pieuse industrie ?

B. J'entends, 1°. les croisades, 2°. les dispenses, 3°. les indulgences, 4°. les testamens, 5°. l'inquisition, 6. la confession, 7°. le purgatoire, 8°. la chancellerie romaine, 9°. les messes, 10°. les baptêmes, 11°. les mariages, 12°. les enterremens, 13°. les guerres civiles, 14°. les missions.

A. Qu'entendez - vous par les croisades ?

B. C'est cette fameuse expédition des François, des Allemands, des Italiens, des Anglais dans l'Asie, dans laquelle, en se proposant d'arracher la Palestine des mains des Musulmans, ils pillèrent, volèrent, saccagèrent, violèrent par-tout où ils passèrent. Les deux premières croisades coûtèrent seize cent mille hommes à l'Europe.

A. Mais en quoi les croisades servirent-elles d'industrie aux ecclésiastiques ?

B. Le voici : les seigneurs, en partant,

vendoient leurs biens à vil prix ; les évêques et les moines qui avoient de l'argent
les achetoient sans payer de lods et ventes ; les moines s'en faisoient céder pour
des *oremus* et des passe-ports en bonne
forme pour le ciel.

A. Dites-moi ce que c'est qu'une dispense ?

B. C'est certaines permissions accor-
dées par le pape, ou par les évêques, de
faire ce qui est défendu par des loix dont
les papes et les évêques sont les auteurs.

A. Et les indulgences ?

B. C'est une monnoie établie pour attirer de l'argent : c'est une absolution des
péchés commis contre la sainte Église,
et cette absolution vous épargne, même
au-delà du tombeau, les coups de fouet,
le fagot, les chaudières et les charbons
de l'enfer.

A. Et comment les testamens ont-ils
pu, dans les mains sacerdotales, devenir
une pieuse industrie ?

A. Rien n'étoit plus facile : un vieux
débauché que la mort serre de tous côtés
appelle un prêtre ; il lui raconte ses fre-
daines, et son imagination frappée des

horreurs imaginaires de l'enfer demande,
avec une voix entrecoupée par les san-
glots, s'il peut espérer miséricorde. Peut-
être oui, peut-être non, répond le prêtre;
il faut satisfaire à la justice divine; pour
y satisfaire, il faut l'appaiser par des sacrifices : il n'en est pas de plus agréable
à ses yeux, que le détachement parfait
et réel des biens de la terre. Ce détachement n'est entier et méritoire qu'autant
qu'il se fait selon les règles canoniques;
ces règles prescrivent aux chrétiens de
partager les biens avec les pauvres : les
pauvres sont les enfans de l'Église; c'est
donc à l'Église que vous devez donner
vos richesses, afin que la distribution
s'en fasse dans le meilleur ordre possible.
Les jésuites étoient habiles dans l'art
d'inspirer cette satisfaction expiatoire à
leurs pénitens et pénitentes : ils en ont
fait faire sept mille trois cents cinquante
en Flandre, douze mille dans toute l'Allemagne, plus de vingt mille en Espagne
et dans les Indes, six mille deux cent
trente dans l'Italie, plusieurs en Angleterre, non compris le fait des poudres.
Voyant en France qu'ils ne pouvoient

déterminer Henri IV à tester en leur faveur, ils l'ont fait assasiner; les Jacobins
leur en avoient donné l'exemple.

A. Qu'est-ce que l'inquisition ?

B. C'est un saint et pieux tribunal établi par le vicaire de Dieu en terre, pour
faire étriller et brûler ceux qui ne croient
pas que l'Évangile ordonne d'étriller et
de brûler. Les criminels à ce tribunal
perdent leurs biens, qui se partagent entre
le saint père le pape, les RR. PP. jacobins et les officiers bienfaisans de ce sénat
sacré. Quand on est riche, on évite ordinairement la grillade. Les rois du midi
s'en servent pour contenir les grands dans
la servitude. En France ce tribunal est
en horreur, et par esprit d'humanité on
y a substitué les lettres de cachet. Autrefois les évêques en avoient en blanc dans
leur poche; aujourd'hui, pour en obtenir,
il faut qu'ils présentent des mémoires
qu'on ne lit pas, ou qu'on ne vérifie jamais.

A. Il me semble que la confession ne
peut guère être utile au clergé, elle ne
roule que sur les péchés que tout le monde
connoît.

B. Cela vous plaît à dire : 1°. la confession est très-utile dans les guerres de religion ; un pénitent croit aveuglément ce qu'un saint directeur lui annonce de la part du ciel, car s'il est éclairé, il se rit du confesseur et n'y retourne plus ; s'il ne l'est pas, et c'est au moins les trois quarts des catholiques, il obéit, et par là l'Église va à son but ; 3°. la confession donne aux prêtres du Très-haut une connoissance parfaite des affaires et des caractères ; c'est par ce moyen que nosseigneurs les prélats savent ce qui se passe parmi leurs curés et dans les familles ; 4°. la confession sert merveilleusement dans les procès ; 5°. par la confession nos benins apôtres connoissent tous les tempéramens et peuvent avec sûreté fixer l'objet de leur mission chérie ; 6°. la confession contribue à l'augmentation du casuel ; pour pénitence on ordonne de faire dire des messes à quinze sols, de bâtir une chapelle, de fonder un salut, et tout cela rapporte. L'Église est pauvre, il faut bien qu'elle se tire d'embarras.

A. J'avois toujours entendu dire que le purgatoire étoit le lieu où les ames mortes avec un péché véniel attendoient une pleine justification pour entrer dans la gloire céleste, je ne vois rien en cela qui ait trait à la cupidité sacerdotale.

B. Vous y verrez, écoutez-moi : lorsque saint Odilon, abbé de Cluny, eut découvert le purgatoire, il crut que, pour assurer une honnête subsistance à ses moines, il falloit engager les peuples à admettre cette découverte. La cour romaine, qui prévoyoit les avantages qui lui revenoient de ce rêve bénédictin, déclara positivement que saint Odilon étoit clairvoyant, et qu'on lui devoit la découverte d'un lieu ignoré depuis plus de soixante mille ans; ensuite il fit sentir aux peuples qu'il n'étoit pas honnête de laisser brûler leurs pères, mères, frères, sœurs, amis, etc, pour une peccadille; que des prières fondées abrégeroient la durée du châtiment; qu'en payant bien on pouvoit retirer jusqu'à mille ames à-la-fois de ce lieu de ténébres et d'horreurs. Vingt escadrons de moines inculquèrent si profondément cette fanfaronnade dans l'esprit des catholiques, qu'on vit les biens-fonds et mobiliers inonder toute la sainte et pauvre

Église de Jésus , jusqu'à ce que Luther, par dépit, s'avisât de boucher le purgatoire, où il n'entre plus que des bigots allemands et italiens.

A. La chancellerie romaine ressemble-t-elle à celle de France ?

B. Non. On paie il est vrai, à Paris, ce qu'on ne devroit pas payer, mais c'est seulement pour liquider les dettes des chanceliers ; à Rome il y a un tarif pour pour tous les péchés commis et à commettre : tant pour avoir couché avec sa sœur, avec sa tante, avec son frère ; tant pour avoir assassiné son roi, son père, ses amis ; tant pour avoir blasphêmé Dieu, le ciel, la terre et les enfers ; quand vous voulez recommencer un péché, vous payez double.

A. Les prêtres tirent-ils un grand profit des messes ?

B. En Portugal, le jour des morts, il se dit cent mille piastres de messes ; à Paris, chez les génovéfains, chez les cordeliers, aux capucins, à Saint-Martin-des-Champs, on tient un registre des messes payées, et quand il y en a trop, les sacristains qui les ont reçues à douze sols, les envoyent en province à huit sols. Je maintiens que dans cette ville il se paye, année commune, pour un million de messes.

A. On paie donc aussi pour se faire baptiser et enterrer ?

B. Oui vraiment : et il y a tel enterrement qui coûte 15 et 1800 liv. Au reste, tout est bien réglé en cette partie : un tarif exact pour la sonnerie, le luminaire, la tenture, le nombre de prêtres et de chandeliers, la qualité des ornemens, met les chrétiens à l'abri de toute supercherie.

A. De quelle utilité les mariages sont-ils aux prêtres ? c'est une affaire purement séculière.

B. Vous ignorez donc que la bénédiction nuptiale est tarifée, et que c'est ce tarif qui la rend affaire mixte ? et rien n'est plus juste ; car le mariage étant un acte charnel, et par conséquent peu fait pour des êtres spiritualisés par la religion, il faut bien mulcter les contractans et leur faire sentir toute la bassesse de leurs mutuelles opérations. Le sacré célibat, qui laisse aux prêtres l'avantage d'un secret concubinage, est d'un si haut prix que l'on ne sauroit surcharger le mariage de droits trop onéreux ; c'est beaucoup encore que l'Église ne fasse point un crime de cette union. Au reste les casuistes, Sanchez excepté, y ont mis tant d'entraves qu'il est bien difficile de ne point pécher étant marié : tout, jusqu'au mode, est prescrit dans les nouveaux canons.

A. Les guerres civiles ne peuvent être utiles à l'Église.

B. Bon ! ignorez - vous donc que le clergé les a presque toutes suscitées, en Europe ? c'est par elles que les prêtres ont acquis une domination absolue sur les consciences ; et si quelquefois leurs espérances ont été déçues, comme dans le nord de l'Europe, ils y ont regagné ailleurs ; s'ils ne les suscitent pas, ils se mettent à la traverse, et brouillent les cartes avec plus d'adresse que Comus. Ouvrez l'histoire, elle vous instruira mieux que les livres polémiques. Il n'est pas une seule dispute théologique un peu vive, qui n'ait bouleversé des trônes, ruiné des empires, ensanglanté des climats entiers.

A. Les missions, loin d'être lucratives à l'Église, lui ont au contraire enlevé, souvent de la manière la plus cruelle, ses meilleurs sujets.

B. Ces sujets sacrifiés étoient des sentinelles perdues de l'armée presbytérale; tandis que les payens s'occupoient à les massacrer, on les canonisoit à Rome, et cela apportoit de l'argent. Mais toutes les missions n'ont pas été dans le goût de celles du Japon; elles ont rapporté à la Chine 187,200,000 livres pour les jésuites, 1,120,000 livres pour les dominicains, 1,400,500 liv. pour les prêtres séculiers; au Paraguay, pour les seuls jésuites, 4,878,912,000 livres; au Mexique, plus de 6 milliards pour tout le clergé, etc.

N°. 46.

DIALOGUE ENTRE C. ET D.

C. QUELLE est celle de toutes les sciences dont l'on fait plus de cas en France?

D. C'est la science des modes.

C. Quel est l'objet de cette science?

D. C'est un changement perpétuel dans les mœurs et dans le costume.

C. Une telle science peut-elle être utile?

D. Oui, très-certainement. 1°. Tandis que le peuple s'occupe des modes, il ne réfléchit pas sur sa situation, sur sa misère. 2°. La mobilité du caractère, occasionnée par les modes, produit à son tour une variation dans les loix et les actions, dont le premier effet est une confusion salutaire d'idées et de goûts. 3°. A la faveur des modes, ce qui étoit licite il y a vingt ans est illicite aujourd'hui; le nombre des crimes diminue, celui des préjugés augmente. 4°. Chacun est à son aise, et une heureuse insouciance tient lieu de raison. 5°. Le charmant égoïsme, paré de nouvelles livrées, remplace l'antique patriotisme. 6°. Les autres sciences deviennent inutiles. 7°. L'argent se répand avec une profusion magnifique. 8°. La prévoyance insidieuse et la puérile économie sont bannies à jamais des murs de nos superbes cités. 9°. Nous n'avons plus que de jolis ouvrages littéraires et mécaniques. 10°. Le royaume se renouvelle chaque année; l'État vieillit sans s'en appercevoir.

C. Donnez-moi quelqu'exemple détaillé

du bien que produit parmi nous cette sublime science?

D. A l'aide des modes chacun se fait un systême à part : une femme qui devroit nourrir le fruit de son sein, le donne à une étrangère, et se débarrasse ainsi d'un soin incompatible avec l'art de la toilette, avec les intrigues amoureuses qui placent un mari au-dessous d'un bon ami, avec cette parure qui prend huit heures sur vingt-quatre, avec ces spectacles où l'on court apprendre à critiquer sans raison, à minauder avec grace, à écouter sans comprendre, à rire sans gaîté, à pleurer sans tristesse, à faire des infidélités sans remords. Il est de mode chez les femmes de s'entretenir d'agréables riens, de montrer une belle gorge et une belle jambe, de substituer l'art à la nature, de bouder un mari, de séduire un jeune homme, de persiffler ceux qui n'ont ni la force d'Hercule ni la magie de Céladon. Chez les hommes du bel air, c'est une mode reçue de sacrifier tout au beau sexe, de trahir ou ridiculiser un ami, de parler sans cesse de galanteries, de chevaux, de duels imaginaires, de décrier les femmes dont on a reçu les faveurs, d'éloigner des enfans trop sages, de faire des dettes et de les nier, de battre un laquais, de s'enivrer par caprice, d'insulter le citoyen paisible, d'opprimer le foible, de parler de sentimens et de n'en posséder aucun, de se louer soi-même, de mépriser les autres, de se plaindre de la longueur du temps et d'en consommer la plus saine partie dans la frivolité.

A l'aide des modes, on se croit dispensé d'obliger un ami malheureux : on n'est point assez riche ; il faut entretenir une maîtresse qui ruine la bourse et la santé ; il faut faire des parties dispendieuses, se donner vingt habits différens et de toutes saisons, payer un baigneur, un maître de danse, et d'armes, l'abonnement d'une loge, fournir de plus à une femme-de-chambre les moyens d'ouvrir la porte de la séduction ; il faut dorer un carrosse, un salon, meubler un boudoir, jouer toute la nuit, briller dans un bal, grassement payer des domestiques complaisans et adroits, d'équivoques amis, des témoins hardis, des espions actifs. D'aussi nombreuses dépenses permettent-elles le plus petit

don que l'indigente amitié reclame ? On
plaint le malheureux, on fait son éloge,
on soupire un moment, le cœur parle
encore, et on va au spectacle, à la pro-
menade ; la sensibilité s'émousse, on est
à la mode.

C'est en vertu des modes qu'il faut solliciter les juges dans une affaire, payer
leurs secrétaires, attendre dans l'anti-
chambre d'un ministre son heure, épier
sur son front les dispositions de son ame,
lui parler avec humiliation, le remercier
de ses refus, lui taire la vérité qui pourroit le blesser.

C'est en vertu des modes qu'on se prête
aux plus lâches trahisons, qu'on jure
une amitié éternelle à celui qu'on perd
l'instant après, qu'on loue ce que le cœur
méprise et que l'on donne de l'encens à
celui auquel en secret on donneroit des
coups de bâtons.

C'est en vertu des modes que chacun
se regarde comme le point de réunion
de toutes les fortunes, de tous les égards,
de tous les services rendus ou à rendre ;
que l'on se marie sans inclination et sans
se connoître, qu'on rougit de ce lien,

qu'on se sépare, qu'on se querelle, qu'on se bat.

C'est en vertu des modes que les femmes sont hors de leurs logis du matin au soir, la plus destructrice des maladies est regardée comme une bagatelle, que la puberté et la vieillesse ne sont plus séparées que par un point imperceptible, que l'espèce dégénère tant au physique qu'au moral.

C. Qu'entendez-vous par costume ?

D. C'est l'habillement.

C. Les changemens en cette partie sont-ils nuisibles à l'État ?

D. Non : ils ne sont que ridicules.

C. A qui devons-nous ces changemens ?

D. Aux femmes publiques, ou si vous le voulez, aux actrices.

C. Pourquoi les hommes s'accommodent ils à ces changemens ?

D. Pour plaire aux femmes.

C. Elles font donc peu de cas du mérite personnel, puisqu'elles attachent leur estime à un ajustement.

D. Lorsqu'une femme voit un homme pour la première fois, elle examine attentivement sa frisure, son linge, ses jambes, sa chaussure, son port, son maintien, la couleur et l'assortiment de ses habits. Fût-il l'homme le plus spirituel de la France, s'il porte en automne un habit d'été, s'il n'a pas de petites manchettes, de grandes boucles, etc. il sera traité d'*antiquaille*. On lui passeroit peut-être cette erreur de costume en faveur d'une belle encolure; mais ce ne seroit que dans le tête-à-tête.

C. Les hommes sont-ils aussi scrupuleusement attachés à l'habillement des femmes ?

D. Non : il en est qui ont cette manie, mais c'est le petit nombre. Un déshabillé un peu indécent plaît davantage à nos Héliogabales.

C. Sait-on toutes les modes, leur nom, leur forme, l'époque de leur naissance et de leur mort ?

D. Comment le savoir ? on peut calculer il est vrai, mais ce n'est qu'à vue de clocher. En supposant que les femmes changent la mode des coiffures quatre fois par saison, voilà tout juste seize changemens par an, et deux mille huit cents changemens pour les treize cents ans qui se sont écoulés depuis Clovis jusq'uà jusqu'à la présente année 1780 ; il n'est au reste question que de la coiffure. Les rubans, les couleurs, les formes de robes, les souliers, les jarretières, la peinture du visage, tout cela doit avoir subi une infinité de révolutions.

C. Les femmes ont-elles seules éprouvé ces changemens ?

D. Non vraiment : l'habillement des hommes n'a pas été moins variable ; la chevelure, les chapeaux, les souliers, les culottes, les bas, la forme de l'habit ont changé assez fréquemment. Les moines eux-mêmes paient tribut à la mode : un capucin est chaussé, porte la montre au gousset, du linge, un chapeau ; les évêques, autrefois vêtus de laine et à pied, sont couverts aujourd'hui de rubis, et se font traîner en équipage ; de leur canne ils en ont fait une crosse, de leur ancien bonnet une mître, de leurs maisons simples et pauvres un riche palais, de leur église un spectacle, de leurs fonctions des devoirs onéreux, dont ils se dispensent journalièrement.

C. Ne pourroit-on déraciner ces abus ?

D. Oui ; mais moins par des loix

somptuaires, qui ne sont jamais obéies, que par un souverain mépris pour ceux des deux sexes qui sacrifient aux modes la raison et la fortune.

N°. 47.

DIALOGUE ENTRE E. ET F.

E. Est-il vrai que les sciences sont plus dangereuses qu'utiles?

F. Non ; j'avoue cependant qu'il est une classe de sciences fort inutiles et même dangereuses; on doit toujours juger de leur utilité par l'avantage réel qu'en retire la société.

E. Quelles sont celles que vous croyez inutiles?

F. L'alchymie, la chiromancie, la chronologie, l'algèbre.

E. Et celles qui sont dangereuses?

F. La dialectique, la théologie, la réthorique et la métaphysique.

E. Tous les arts connus de nos jours sont-ils utiles?

F. Il en est d'inutiles, tels que la danse, la musique, la peinture, la sculpture, la teinture : de dangereux, ce sont là fabrique de la poudre, des fusils, des canons, des épées, celle des drogues médicinales ou composées ; celle de la broderie en or et argent ; l'art du lapidaire, du jouaillier et de toute chose tendante au luxe ; l'art du cuisinier, du perruquier, etc.

E. Sans la plupart de ces arts nous serions bien grossiers.

F. Mais nous serions plus hommes.

E. Les sauvages sont-ils plus heureux que nous ?

F. Sans contredit. S'ils ne savent rien de ce que nous savons, ils savent ce que nous ignorons, l'art de vivre selon les loix simples de la nature ; leurs besoins sont bornés, parce que rien n'enflamme leurs desirs ; ils ont peu de desirs, parce qu'ils n'ont chez eux ni tribunaux, ni prisons, ni universités, ni prêtres, ni moines, ni distinction de rang, ni propriétés au-delà du besoin : ils jouissent d'une santé longue et vigoureuse, parce que l'esprit n'est point sans cesse en exercice, parce qu'ils sont familiarisés avec les élémens.

E. L'éducation morale que nous recevons n'est donc point dans la nature ?

F. Pas plus que nos habillemens et nos mœurs.

E. Ont-ils vraiment une ame comme nous ?

F. Assurément : ils pensent et raisonnent avec plus de justesse que nous ; savoir si leur ame est semblable à celle que les métaphysiciens nous ont donnée, c'est ce que j'ignore et ignorerai long-temps.

E. Les nègres en ont-ils une ?

F. Pouvez-vous en douter ? car Caïn leur aïeul et Cham leur grand-père en avoient une, à ce que je présume, car l'Écriture n'en dit rien.

E. Pourquoi donc, s'ils ont une ame, et dans le doute même s'ils en ont une, lesr ouons-nous de coups, les vendons-nous au marché comme des bêtes de somme ?

F. Oh ! c'est que nous sommes blancs et que nous sommes civilisés.

E. Il est vrai qu'on publie qu'ils sont méchans, fourbes, voleurs, empoisonneurs et lascifs.

F. Comme nous.

E. De quel droit les prenons-nous pour les vendre et les faire servir ?

F. Du droit du plus fort. Le saint pape Alexandre ayant fait une ligne de démarcation qui sépare le globe, un peu gauchement, il est vrai, les Européens ont, par permission du saint siége, le pouvoir de vendre et fouetter ceux qui sont endeçà de la ligne, et de massacrer ceux qui sont au-delà.

E. On dit cependant que nous autres Français sommes moins durs envers eux que les Anglais.

F. Il est certain du moins qu'au Cap nous en faisons périr sous les coups un quart, de faim un autre quart, le troisième quart par notre lubricité ; la quatrième partie pullule, et donne de nouveaux nègres pour être battus, affamés, pollués. Je conçois bien maintenant que nous sommes moins durs que les Anglais.

E. Nos souverains n'ont-ils pas porté des loix favorables à ces malheureux volés ?

F. Quelques-unes ; mais monseigneur l'intendant est le maître de suspendre l'exécution de ces loix, et comme les Français,

Z 3

en Amérique, sont les plus doux et les plus équitables des hommes, ils prient monseigneur l'intendant de vouloir, bien permettre qu'ils dérogent à la loi moyennant une somme quelconque, et monseigneur l'intendant, qui est fort humain, octroye leur demande en recevant leur argent.

E. Le commerce des nègres rapporte-t-il beaucoup à l'État?

F. Ce n'est point l'État qui profite de ce trafic de chair humaine, mais les négocians Francisco-Américains, qui font circuler dans la sphère de leur négoce le produit de cette honorable vente.

E. Quelle est l'origine de ces Fransisco-Américains?

F. Ils descendent tous des flibustiers.

E. Et qu'étoient ces flibustiers?

F. Des brigands français qui attaquoient des brigands espagnols; ils se sont logés sur le terrein qu'ils habitent, et en faveur de cette nouvelle acquisition, on leur a pardonné les meurtres, les brigandages, les viols, les horreurs par lesquels ils ont rendus leurs noms fameux dans tous ces parages.

N°. 48.

CAUSES FINALES.

L'ORDRE éternel a voulu que les animaux s'entre-dévorassent : une moitié de ce qui a vie est toujours en guerre avec l'autre ; une partie de la substance vivante se repaît incessamment d'une autre partie. Il faut s'en tenir au fait quand on veut se former des idées justes de l'ordre éternel ; considérez la voracité de l'aigle, la force terrible de son bec et de ses regards, qui percent jusqu'aux objets les plus éloignés : l'oiseau du sommet des airs s'élance sur sa proie avec la vîtesse de l'éclair. Contemplez les piéges que l'araignée tend aux insectes : quelle justesse ! quelle adresse ! mais la loi sans doute qui ordonne la destruction d'un animal pour le bien d'un autre contribue à l'augmentation de la vie, et le monde s'accroît et se perfectionne par cet ordre immuable. Il ne se perd rien de la subtance vivante, et par une merveilleuse économie de la nature, sa destruction sert à sa reproduction ; c'est

Z 4

ainsi que le feu de la vie, éteint dans une classe d'animaux, se rallume immédiatement dans une autre, s'y épure et brûle d'une nouvelle force. La vie est un torrent impétueux qui ne demande qu'à se répandre : une morue porte un milion d'œufs; les poissons sont tous prolifiques; le desir de se multiplier pénétre toutes les espèces, et plusieurs ont besoin de forces coercitives qui répriment leurs progrès, et qui les empêchent d'excéder leur juste proportion avec les autres espèces. La reproduction des races carnacières, dans le systême animal, ne nuit donc point aux autres espèces, au contraire elle ne leur est qu'utile et nécessaire. Les oiseaux du ciel mangent les insectes et les vers qui rongent les arbres jusqu'au vif et dépouillent la terre de toutes ses richesses; cette surabondance de vie devient un fléau qui apporteroit disette de nourriture si des espèces n'avoient point été placées par l'ordre éternel pour s'opposer à ces débordemens.

Est-il croyable, à la suite de cette prodigieuse multiplication, que les hommes, dans les pays les plus civilisés, aient en-

core tant de peine à fournir à leur subsistance ? n'est-ce point là le fléau d'un vice
politique qui détruit la fécondité , et qui
rend inutile la force de la propagation.

Ainsi, qu'on ne s'imagine pas que l'agriculture contribue par-tout à l'augmentation de la vie ; il y a des pays où il est
pour le moins douteux si elle n'en diminue point la quantité : en défrichant plusieurs forêts on a perdu sans doute plusieurs avantages , parce qu'on y a détruit
des espèces nourricières de la plus grande
utilité.

Ou la nature devoit arrêter le fleuve
de la vie et l'interrompre dans l'univers ,
ou pour empêcher qu'une seule espèce ne
débordât et ne causât une mortalité générale dans tout le système animal, elle
devoit livrer les espèces les unes aux autres ; point de milieu, extinction totale
de la vie ou contre-poids donné à elle-
même en ordonnant qu'une partie de la
substance vivante se nourrisse de l'autre :
telles sont les barrières éternelles que la
nature oppose à ces accroissemens extrêmes qui romproient tout équilibre , car
il est de l'utilité de toutes les espèces

qu'il y ait des obstacles insurmontables qui les arrêtent chacune dans leurs progrès.

A défaut des volatiles mangeurs d'insectes ne voyez vous pas l'intempérie des saisons qui achève de détruire les mouches qui pullulent dans les airs , ce qui prévient un débordement affreux, lequel engendreroit la peste où des maladies contagieuses , si ces insectes continuoient à multiplier seulement pendant quelques semaines de plus.

Si une partie de la substance vivante est en état de guerre avec l'autre , la sagesse suprême l'a ainsi ordonné : nous ne voyons pas que cette loi de la nature ait occasionné jusqu'à présent l'extinction d'une seule espèce ; au contraire , cette loi les a conservées dans un état de vigueur et de jeunesse immortelle , et il y a longtemps que sans cette salutaire disposition de la nature, la vie , rompant par-tout l'équilibre dans les différentes espèces d'êtres qui la conservent, seroit totalement éteinte.

L'harmonie universelle des espèces vivantes ne se manifeste-t-elle pas dans ces ennemis respectifs qui les tiennent en équi-

libre et qui sont pourvus de toutes les
armes et de toutes les facultés nécessaires
pour cet effet? Voyez les insectes et les
reptiles qui, couvrant la surface de la terre,
se trouvent opposés à l'armée des oiseaux,
races actives, vigilantes et voraces. Les
lièvres, les lapins, les rats, les mulots,
les souris qui se multiplient si prodigieu-
sement, ils sont soumis à des quadrupèdes
aussi agiles qu'eux dans leurs mouvemens,
doués de plus de force et d'une vue plus
perçante : la masse énorme des bêtes à
corne et la légèreté des daims ne les dérobent pas à l'empire que l'homme a sur
les animaux.

Enfin les bêtes carnacières, malgré leurs
défenses redoutables, trouvent dans l'espèce humaine des puissances sans nombre
qui les tiennent par-tout en échec, ou qui
les relèguent dans des deserts pour y exercer leur férocité.

Et l'homme, hélas! qui domine les autres créatures, combien de fois ne tourne-
t-il pas ses propres forces contre lui-
même? combien de fois les hommes ne
sont-ils pas à l'égard des hommes ce que
les bêtes carnacières sont à l'égard des

autres animaux? mais ici c'est la faute de l'homme, de cet être intelligent qui se punit lui-même de son épouvantable erreur.

Hobbès a supposé que les hommes naissent tous dans un état de guerre l'un à l'égard de l'autre; cette pensée est fausse quand on en fait l'application aux individus de l'espèce humaine : les organes de l'homme ne sont point faits pour se détruire ni pour se déchirer. Leurs facultés, leurs besoins, leurs desirs, tout en eux annonce qu'ils sont faits pour vivre en société, et que plus ils se lient mutuellement d'affection et de bienveillance, plus ils se rapprochent de l'état de félicité.

Cette pensée de Hobbès est fausse encore à l'égard des nations civilisées, considérées l'une par rapport à l'autre, car les nations peuvent trouver dans l'inépuisable culture des arts et des sciences de quoi écarter la cruelle nécessité de faire la guerre, et l'espèce humaine est encore fort éloignée du point de multiplication où la surabondance des hommes deviendroit pernicieuse. La vie agricole, l'observation des phénomènes de la végétation et des expériences utiles, justifieront avant peu, et pour tous les siècles, la bonté et la sagesse infinie. Le premier pas vers la vérité est d'immoler l'orgueil et de reconnoître la dépendance où sont tous les êtres de ces loix générales que la nature a établies pour la reproduction et la conservation de cette immense quantité de vies qui circulent dans l'Univers. Les irrégularités imaginaires disparoîtront, car dans l'étude profonde de la nature nous aurons appris à reconnoître une *providence* et les *causes finales*, c'est-à-dire le bonheur de l'univers et le terme auquel il se rapporte, la *perfectibilité.*

Sans un certain degré de lumiere sur les opérations de la nature, les fantômes de notre imagination déplaceront les vérités importantes ; notre esprit, alarmé par les apparences, perdroit ces sentimens de confiance, ces sentimens sublimes et consolateurs qui nous découvrent un *seul être* animant et gouvernant toute la masse du monde, et qui impriment à cet *être nécessaire*, outre sa puissance infinie, les attributs souverainement aimables de la sagesse et de la bonté : c'est par cette heureuse contemplation que l'ame s'éleve vers le grand tout , et qu'elle se dégage de ces erreurs viles et terrestres qui accablent dans les écoles la raison humaine.

Nº. 49.

COMMENT LE COMMERCE OSE-T-IL DISPUTER DE PRÉÉMINENCE AVEC L'AGRICULTURE?

L'AGRICULTEUR ! c'est à lui sur-tout qu'est confié le dépôt de la liberté publique. Les hommes qui couvrent les campagnes , voilà les véritables défenseurs d'une constitution libre! Je compte plus sur l'agriculteur que sur le commerçant. L'agriculteur connoît la confiance , elle le rend communicatif; il ne se croit assuré du succès d'une entreprise ou d'une simple expérience qu'en la faisant répéter par son voisin ; il sent qu'on n'acquiert qu'en commun , qu'on ne jouit qu'en partageant ; il n'est point envieux du champ d'autrui , parce que la prospérité doit être la même pour tous les champs également bien cultivés ; la fertilité de l'un devient le gage de la fertilité du champ voisin : le commerçant au contraire s'isole , parce qu'il redoute un concurrent ; son gain tient quelquefois au secret d'un procédé, et plus souvent à une marche obscure, à une ruse mercantile qu'il cache à d'autres. Tout attelier de négoce devient une ré- publique à part; l'harmonie de l'ensemble n'affecte plus le marchand , il ne peut fonder sa prospérité complette que sur la ruine de tous ses concurrens.

Le cultivateur a l'ame plus douce, plus tranquille et plus humaine. Comme il enfante avec la nature, il ne veut point de gains immodérés ; il n'en peut sou- haiter d'arbitraires, encore moins d'in- déterminés ; il ne joue point à la lo- terie ; il crée avec le soleil, avec les saisons , avec une industrie expérimen- tale et journalière : le négociant, dont l'état est de gagner arbitrairement, indé- terminément, tente et force toutes sortes d'entreprises ; livré à des gains acciden- tels, il les méprise s'ils sont modérés ; il ne veut pas l'aisance, il prétend à la for- tune. La ruse mercantile forme toujours des impressions qui rétrécissent à la lon- gue l'esprit ou la capacité la plus vaste.

L'agriculteur, qui ne peut ou ne veut travailler et gagner qu'avec le cours paisible
de la nature, ne nourrit point ces con-
ceptions dévorantes qui fatiguent l'âpre
négociant et qui le placent incessamment
entre une haute fortune criminelle et une
banqueroute honteuse; courant toutes les
chances hasardeuses, jamais il ne connoît le repos que goûte l'agriculteur
borné dans ses désirs, et qui semblable
à un enfant dans le sein de sa mère,
s'endort sur les mammelles de la terre.

A-t-on vu sortir des corps de commerce
des idées humaines ou patriotiques ? Non.
Toutes leurs idées son exclusives. Écoutez les manufacturiers, il faut tout sacrifier à leur cupidité ; écoutez les négocians, il faut faire la guerre pour leurs
ballots ; écoutez les *colons blancs*, il faut
sacrifier l'humanité pour qu'ils vendent
plus cher leur sucre et leur café ; l'idée
mesquine d'ajouter un gain à un gain
journalier, d'augmenter chaque année,
les rend étrangers aux saines idées politiques : il leur faudroit des loix à part
pour eux, des loix qui favorisent sans
cesse leur cupidité ; pour les autres,
des

des loix coercitives au gré de leur avarice.

Il n'y a aucun cultivateur aujourd'hui
qui, dans l'espérance de mener une vie
plus heureuse sous un ciel plus propre à
la liberté et au développement du génie,
quittât la France pour se retirer en Allemagne, en Hollande, en Espagne, en
Russie. Les princes, les prêtres, les nobles, les traitans ont émigré ; rien ne
prouve mieux la bonté de notre constitution. L'Anglois, le Polonois, le Suisse,
le Suédois sont moins libres que nous ne
le sommes.

Les nobles, malgré la finesse de leur
génie pour l'intrigue, ressemblent aux peuples sauvages ; ils n'admettent que difficile-
ment des idées nouvelles, quelques voisines
qu'elles soient de celles qu'ils ont déja ;
leur cerveau est tout-à-fait inaccessible à
des idées éloignées de leur conception
ordinaire ; ils sont et seront toujours, de
ce côté-là, bien au-dessous d'un agriculteur.

Voilà donc le mot *grand* heureusement
aboli ! Les cultivateurs sentiront qu'ils
ne doivent être gouvernés que par les
loix, et non par l'autorité de ceux qui

Tome III.   A a

les dispensent : par l'idée de *grand* on avoit toujours entendu , en France , un homme que l'autorité qu'il avoit parmi ses concitoyens mettoit en état de faire beaucoup de mal ; si cet homme joignoit à cette autorité une place lucrative, l'idée du *grand* étoit absolument remplie : un intendant étoit un *grand* pour les campagnes ; où sont les intendans ? Vous flattez-vous de rétablir les intendans sur les campagnes ? Eh bien ! quand toutes les villes céderoient , les campagnes résisteroient. Les cultivateurs ! voilà les plus fermes appuis de la révolution !

Il s'agissoit d'édifier un gouvernement où il n'y eût plus de grands, mais des fonctionnaires. Il étoit nécessaire d'accorder à tous les cultivateurs le droit d'assister aux assemblées primaires , de remplir les magistratures, d'avoir des armes dans leurs maisons, d'augmenter leurs forces par les exercices publics ; car il faut que le peuple agriculteur soit sous la protection immédiate du gouvernement , qu'il soit autant favorisé que les riches dans la poursuite des insultes qu'il éprouve , que nulle loi ne mette obstacle à sa fortune : si l'on n'arrache pas de ses mains le fruit de ses travaux, il aimera le gouvernement.

Il n'y a de bonne politique et de bonnes loix dans une société qu'autant qu'elles se conforment aux intentions de la Providence, qui certainement n'a pas attaché le bonheur aux injustices de l'ambition et de l'orgueil.

C'est à l'égalité que la nature a attaché la conservation de nos qualités sociales; l'égalité doit produire tous les biens, parce qu'elle unit les hommes, leur élève l'ame et les prépare à des sentimens mutuels de bienveillance et d'amitié : il faut en conclure que l'inégalité produit tous les maux, parce qu'elle les dégrade, sème entr'eux la division et la haine, leur ôte la vertu, et par vertu il faut entendre la *vertu politique*, qui n'est autre chose que l'amour du bien public ou de la patrie.

La Providence n'a pas permis que le sentiment de l'égalité pût être outré, mais plus il sera vif, plus il contribuera au bonheur; jamais il ne peut dégénérer ni devenir un vice, parce qu'il ne peut jamais être injuste, et que ne nous éloignant pas moins de la tyrannie que

A a 2

de la servitude, il unit les hommes et ne leur donne qu'un même intérêt.

Le sentiment de l'égalité n'est donc autre chose que le sentiment de notre dignité ; c'est en le laissant affoiblir que les hommes sont devenus esclaves, et ce n'est qu'en le ranimant qu'ils deviendront libres.

S'il nous a été utile de former de nouvelles loix, il nous a donc été utile de renoncer premièrement à notre indépendance ; mais il n'en est pas de même de notre égalité, car il est prouvé qu'elle est la source des vrais biens et qu'on ne peut la perdre sans s'exposer aux plus grands maux.

Un gouvernement tyrannique se reconnoît aux traits suivans : lorsqu'il ne permet ni les progrès des connoissances, ni les libres communications des idées qui peuvent éclairer les hommes, ni les assemblées qui peuvent les réunir, lorsqu'il les assiége par des espions et qu'il redoute la parole, il faut de toute nécessité qu'un gouvernement aussi monstrueux s'écroule, parce que la haine et le mépris qu'il inspire doivent tôt ou tard venger la majesté d'une nation outragée ; l'autorité revient à la source dont elle est émanée.

Mais conférer les magistratures suprêmes aux qualités personnelles , sans avoir égard aux fortunes , empêcher que les magistrats ne puissent s'enrichir dans leurs emplois , les obliger de rendre compte au public de leur administration , voilà les points fondamentaux de tout gouvernement libre ; et les cultivateurs ont senti qu'ils étoient redevenus citoyens, et qu'ils avoient enfin une patrie.

Nº. 50.

PASSAGE HISTORIQUE

Qui déplaît à MARIE-THÉRÈSE.

LA maison d'Autriche tire son origine, comme on sait , d'Hasbourg qui , avant que d'être élu empereur en 1273, avoit été , dit Voltaire , champion de l'abbé de Saint-Gall contre l'évêque de Bâle, dans une petite guerre pour quelques tonneaux de vin. Sa fortune étoit alors si peu proportionnée à son courage qu'il fut quelque temps *grand maître d'hôtel* d'Octocare, roi de Bohême, qui depuis, pressé de lui rendre hommage, répondit *qu'il ne lui devoit rien, qu'il lui avoit payé ses gages ;* mais ce que tout le monde ne sait pas, c'est que ce passage historique piqua tellement *Marie-Thérese,* qu'elle fit promettre à son fils, lors de son voyage en France, qu'il ne feroit point de visite à Voltaire : la vanité du poëte en fut puérilement affectée.

Comment Voltaire n'a-t-il pas senti que son nom valoit bien celui de *Joseph !* Oh ! qu'il y a de vuide dans ces mots, le *chef de l'empire,* la *majesté du trône,* la *dignité de la couronne.* De telles illusions sont-elles faites pour des êtres pensans ! telle nation va toute seule indépendamment de ces termes magiques : il appartenoit à Voltaire de soupçonner l'autorité prochaine de la raison, c'est une domination constante, c'est une puissance respectée dont la voix tonnante fera un jour le gouvernement dans la plus grande partie de l'Europe ; le descendant du *grand maître d'hôtel d'Octocare* n'y résistera point.

Quiconque a un peu lu l'histoire ne peut

entendre prononcer le nom de la *maison d'Autriche* sans frissonner d'horreur. Les Nérons du Nord appartiennent à cette famille; l'ostentation et l'insolence de leur domination, ainsi que leurs cruautés, ont insulté de tout temps aux libertés publiques et aux droits de l'humanité.

Qui donc le premier fit un *soldat*, cet instrument homicide? qui le premier osa dire à un autre, sers mon ambition, sers ma vengeance, sers mon orgueil, sers ma haine? ce fut un attentat formel à toutes les loix divines et humaines. Lever une compagnie, la former à la guerre pour élever la grandeur d'un seul homme, pour dévorer les peuples en son nom, quel crime! Ce fut cette fatale soumission de plusieurs à un seul qui corrompit la nature et la morale. Ce fut là ce pêché originel, père de tous ceux qui, durant tant de siècles, ont dégradé l'homme sous la main du despotisme et naturalisé le malheur en son espèce.

Le plus horrible de tous les crimes, la guerre, a sa source dans l'obéissance passive du soldat, vil assassin dès qu'il obéit à la voix d'un seul homme; c'est de l'obéissance criminelle du soldat qu'on a vu naître ces convulsions qui ont bouleversé la tranquillité des peuples.

L'esclavage, dégénéré en habitude dans presque toute l'Allemagne, est un mal à peu près incurable. Quand le despotisme s'est emparé une fois de la force publique, et l'a tournée à son profit, il est bien difficile de lui arracher cette arme; mais si l'on en vient à bout, c'est la plus inconcevable des erreurs que de lui en laisser le moindre fragment : alors il faut éteindre l'esprit légionnaire pour lui substituer des milices citoyennes; voilà le seul frein. Mais le difficile est de faire un grand ensemble de la force publique; il faut pour cela la succession et la permanence des lumières politiques.

Si l'Allemand asservi se met un jour en tête que le caractère distinctif d'une constitution de gouvernement est la limitation de la puissance suprême, quelque forme qu'on donne d'ailleurs à cette constitution, il aura fait un grand pas. Qu'il sache d'abord qu'il n'est aucun État dont on puisse regarder la constitution comme raisonnable ou naturelle, ou qui puisse subsister naturellement, si l'autorité souveraine y est illimitée ; car c'est pour se soustraire à toute subordination physique que les hommes ont formé des sociétés. Le chef, dans l'État despotique, au lieu de représenter uniquement la société, en devient le maître, et quelque modéré que soit l'usage de la puissance militaire, c'est toujours l'épée nue, suspendue à un fil de soie.

Hélas ! l'Allemand (je l'ai vu) ! il a perdu son *ame* quand il a perdu son *maître* ; il est avili parce qu'il s'est avili lui-même, faute d'avoir exercé ses facultés intellectuelles : il ressemble au chien égaré dans les rues ; il crie jusqu'à ce qu'il ait retrouvé la maison où il est nourri d'os et de pain, et assommé de coups de bâton : voilà l'esclave, voilà le soldat allemand ; et c'est sa vie misérable qui le rend impitoyable et cruel !

Mais enfin le bras infatigable qui prépare ici bas les révolutions a caché le secret dont il se sert pour renouveller la face des empires, et en particulier l'empire germanique.

Léinitz prétend que les Francs tirent

leur origine du côté de la mer Baltique, et qu'ils ont possédé tout le pays qui est entre le Mein, les montagnes de la basse Saxe, le Weser et la Souabe : il est certain que c'étoit des peuples libres qui ne reconnoissoient aucun souverain, n'ayant que des chefs ou des généraux pour les conduire dans leurs expéditions.

Si l'esprit de la législation des Francs fut toujours un esprit d'indépendance naturelle, s'ils vouloient être conduits, non gouvernés, ni commandés, ni donner droit à personne sur leur vie et leurs corps, pourquoi, fidèles à cet ancien esprit de législation, ne redeviendrions-nous pas tous libres ?

Quel dut être l'étonnement des habitans du nouveau monde, environnés d'une vaste mer, lorsqu'ils virent pour la première fois comme des villes entières et des tours élevées s'avancer vers eux en nageant sur cet élément, au bruit du canon dont ces contrées n'avoient jamais retenti ? ils restèrent immobiles de surprise et de terreur ; et c'est ainsi que lorsque l'histoire de notre révolution fut portée à l'oreille superbe des potentats de l'Europe, tous ces despotes étonnés portèrent un regard d'effroi autour d'eux et sur eux-mêmes; ils présagèrent qu'il ne leur seroit plus possible de propager la servitude des hommes ; car le mot *liberté* est un son harmonieux pour les cœurs qui lui sont soumis, et un tonnerre effrayant pour ceux qui la redoutent.

Nous attestons ici la vérité et l'histoire de notre siècle, que ce n'est ni par haine ni par vengeance que nous voudrions rayer de la langue humaine ces mots *monarque, roi, empereur, couronné,* c'est-à-dire un *son* auquel on a sacrifié en Europe le sang de la dixième partie qui l'habite ; c'est uniquement pour détruire les fantômes chimériques et imposans d'une autorité sans lumières et sans règle, qui portant aveuglément et outrageusement une main sacrilège sur les droits de leurs semblables, veulent étouffer absolument les semences de la droite raison, seul bien réel de l'homme, seul moyen qui peut le rendre sage et content ; forfait politique qui tend à confondre tout ordre moral et tout droit naturel.

Toutes les loix absurdes viennent des *cou*

ronnés ou *diadèmés ;* je l'ai dit il y a vingt ans, j'ai dit vrai. Dire vrai, c'est démontrer le mal et enseigner le bien du même coup : si on ne disoit jamais vrai, on ne feroit jamais bien ; le plus habile et le plus hardi critique des administrations vicieuses, voilà l'homme à qui les postérités dresseront des autels !

Quoi ! le globe, d'un pôle à l'autre, seroit soumis à un certain nombre de tyrans ignorans et orgueilleux, qui font des loix à leur fantaisie et à leur avantage et quelles loix ! elles défendent premièrement à l'homme de penser et de raisonner sur les droits de ses maîtres prétendus : secondement, elles lui prescrivent la manière dont il ira égorger son semblable ; elles imposent silence aux loix naturelles et les présentent aux yeux du foible trompé comme des absurdités de morale et des extravagances de principes.

Ces *couronnés* cultivent la guerre : cette science exécrable qui consiste à savoir modifier, arranger, coller plusieurs milliers d'imbécilles côte à côte, les faire tourner à droite et à gauche tous en même temps, comme des mannequins qui tiennent au même fil, et ne faire de tous ces troupeaux de bêtes féroces qu'un seul corps, une seule muraille, qui en se choquant contre une autre muraille composée de pareil nombre d'automates, puissent la renverser du premier choc et l'écraser le plus lestement possible : ne voilà-t-il pas des principes de mécanique admirable ! Mais je sais une manière encore plus décisive; c'est de lier tous ces mannequins allemands les uns aux autres, le fusil en joue, et quand on en aura une masse de deux cent mille plus ou moins, on attachera de grosses chaînes correspondantes à des tours hautes, placées en ligne parallèle, lesquelles chaînes étant accrochées aux deux côtés de la masse militante, balanceront cette masse comme une escarpolette. Le général alors poussant par derrière son escarpolette blanche contre l'escarpolette rouge des ennemis, on combattra ainsi d'une manière tout à fait agréable et réjouissante pour les familles royales, qui seront hors de la portée du fusil, comme de raison.

N°. 51.

LE 31 DÉCEMBRE 1789.

ADIEU, mémorable année et la plus illustre de ce siécle ! Année unique où les Français ont ramené dans les Gaules la liberté, que le despotisme tenoit enchaînée ! Adieu, année immortelle qui avez fixé un terme à l'avilissement du peuple, en lui révélant des titres dont l'original étoit égaré ! Adieu, très-glorieuse année par l'activité courageuse des Parisiens, par la mort de très-haut et très-magnifique *Clergé*, et par le décès de très-puissante et très-haute *Noblesse*, morte en convulsion.

Merveilleuse année ! le patriotisme est sorti tout armé de vos flancs généreux, et c'est lui qui a mis tout à coup à leur place une foule de citoyens éclairés, qui a fait éclorre des talens inconnus, et qui a donné enfin à l'Europe attentive et étonnée de grandes leçons dont elle profitera sans doute (1).

_____

(1) La cour d'Espagne vient de rendre une ordonnance pour défendre à la paroisse de Varcalos,

Année incomparable ! vous avez vu
finir le gouvernement d'épouvantable mémoire qui avoit une si étroite accointance
avec la *Bastille*, sa première favorite, et
la femelle la plus grosse et la plus monstrueuse qu'on ait jamais vue, morte d'une
attaque subite et violente, et c'est par là
qu'on vit, le même jour, mes braves
compatriotes sauver l'Assemblée nationale qu'on alloit couper à boulets rouges,
et épouvanter le glaive que le prince de
Lambesc avoit déja fait étinceler, ce glaive

---

située à un quart de lieue des frontières de France,
de célébrer la fête que cette paroisse donne tous
les ans le 25 juillet, et à laquelle un grand nombre
de français assistoient, pour se divertir avec
leurs frères et voisins les Espagnols. Cette défense
a été faite sous peine de 20 livres d'amende pour
chaque maison. Les habitans de Varcalos ont de-
mandé pourquoi? On leur a répondu que c'étoit
pour les garantir de la fréquentation de ces Français qui ne vouloient plus adorer leurs prêtres, et
qui s'avisoient de faire leurs loix eux-mêmes.

« Oh ! nous savons bien ce qu'il en est, répliqua
» un vieillard ; mais si nous ne faisons pas cette
» fête, nous en ferons bientôt une autre où toute
» l'Espagne dansera, et c'est la cour de Madrid
» qui payera les violons ».

perfide placé dans la main des troupes
étrangères, et qui, quoi qu'on en dise,
vouloit nous égorger pour s'épargner la
peine de nous payer.

Que d'évènemens inattendus renferme
cette année ! dans l'espace de quelques
mois, on a vu réparer les malheurs et les
fautes de plusieurs siècles. L'homme a
recouvré sa dignité première, et ce systême de féodalité et d'oppression qui
outrageoit la raison et l'humanité, est
anéanti (1).

J'entends le peuple des campagnes qui
bénit l'année de la révolution. Je vous
offre mon encens, auguste année ! vous
avez changé mon Paris ; il est tout autre
aujourd'hui, et il sera le séjour du bonheur et de la liberté. J'y respire déja l'air
des montagnes de la Suisse. J'y suis soldat,
non comme un dogue guerrier, lancé par

(1) *Nicolas Lefevre*, précepteur du prince de
Condé, sous Henri IV, disoit à son élève que *la
Cour est toujours l'ennemie de la nation.* Il étoit
peut-être alors le seul homme en France qui connût
cette vérité, dont nous avons eu depuis de si déplorables preuves.

un despote colère, imbécille ou fantasque, mais comme un citoyen qui donnera sa vie avec joie, pour la vraie cause de la patrie.

Depuis trente ans j'avois un pressentiment secret que je ne mourrois point sans être témoin d'un grand évènement politique ; j'en nourrissois mon ame et mes écrits. Voilà du nouveau pour ma plume, je vous en rends graces trois fois, bienfaisante année ! Si mon tableau est à refaire, on dira du moins un jour, en cette année, les Parisiens ont montré au ciel et au trône cent mille bras armés en vingt-quatre heures : ils n'ont pas voulu laisser détruire leur ville ; ils ont fait un mouvement, et ce mouvement s'est communiqué à la France et au reste de l'Europe, tant le peuple est une puissance, et même la seule puissance, ce qu'il faut que les rois sachent enfin.

Grande année ! vous serez l'année régénératrice ; vous en porterez le nom ; vous fuyez pour vous enfoncer dans le temps. Adieu, puisqu'il est impossible à nos vœux d'alonger votre terme ! mais

B b

dites du moins à ma chère fille aînée *l'an deux mille quatre cent quarante*, que nous courons au-devant d'elle de toutes nos forces, que nous précipitons notre marche pour l'atteindre, et pour l'embrasser. Sans flatterie, vous lui ressemblez beaucoup, chère année fugitive; j'ai cru même un instant, qu'il n'y avoit à changer que la date de votre naissance. Mais votre cadette, n'en soyez pas jalouse, aura encore plus de beauté et d'esprit que vous, parce que le patriotisme est une vertu qui se fortifie par l'exercice; parce qu'il faut encore rêver la félicité publique afin d'en bâtir l'édifice immuable; parce qu'enfin le chef-d'œuvre de l'esprit humain n'est pas de faire de bonnes loix, mais de les mettre à exécution (1).

Adieu, année sans pareille dans notre histoire! moi qui fus libre bien avant les

---

(1) On éterniseroit la liberté, dit l'auteur de *la Constitution d'Angleterre*, s'il n'y avoit pas une distance immense entre créer des loix et *les faire* exécuter.

jours de notre liberté, puis-je manquer
d'être fidèle à votre souvenir? non. Chaque
jour je remercierai l'Être suprême de m'a-
voir fait voir l'aurore du soleil de la
liberté : il va luire sur ma patrie, armé
de tous ses rayons. Montesquieu, Mably,
Helvétius, Thomas, Voltaire, Rousseau
et Turgot sont dans la tombe ; ils n'ont
point vu les jours de gloire que leur génie
avoit préparés. Oh ! de quelles louanges
n'auroient-ils pas salué le peuple François régénéré ! c'étoit, hélas ! à leur organe et non au mien, qu'il appartenoit
de chanter vos vertus patriotiques ! Elles
ont devancé mon attente tardive, et
surpassé mes plus chères espérances.
Mais j'écrirai du moins ce que j'ai vu,
afin que de tels évènemens ne sortent
jamais de la mémoire des hommes nés
et à naître ; afin qu'ils apprennent, dans
tous les temps et dans tous les lieux, qu'il
ne tient qu'à leurs bras et à leurs têtes
de détruire toute espèce de tyrannie ;
qu'il ne faut que vouloir, et que Dieu
aime également toutes les créatures pé-
tries du même limon, protége également

toute insurrection généreuse , parce que
le livre des loix descend de son trône
éternel. Adieu, tumultueuse mais très-
chère et très-respectable année!

Fin du troisième et dernier Volume.

TABLE

DES NUMÉROS

CONTENUS DANS LE TROISIÈME VOLUME.

Nº. Ier. *DE la géographie considérée sous le rapport politique*,   page   1

Nº. 2. *Des lumières publiques*,   23

Nº. 3. *Génération nouvelle*,   30

Nº. 4. *Municipalités*,   37

Nº. 5. *Oscillation perpétuelle*,   42

Nº. 6. *Des tributs*,   47

Nº. 7. *De la multiplication de l'espèce humaine*,   66

Nº. 8. *De l'enthousiasme politique*,   80

Nº. 9. *Les Grecs*,   86

Nº. 10. *L'Égypte*,   90

Nº. 11. *Des Arabes*,   100

Nº. 12. *Des Vénitiens*,   105

Tome III.   a

N°. 13. *Des peuples du Nord*,   page 107

N°. 14. *Corps ecclésiastiques*,   108

N°. 15. *Quakers*,   112

N°. 16. *Emprunts*,   120

N°. 17. *De la dissolution des États*,   136

N°. 18. *Question politique*,   142

N°. 19. *Du climat*,   143

N°. 20. *Relation d'États voisins*,   151

N°. 21. *Force de l'enseignement*,   153

N°. 22. *De l'empereur de la Chine*,   157

N°. 23. *De la multitude*,   162

N°. 24. *Sénat*,   165

N°. 25. *De la haute éloquence*,   170

N°. 26. *Ignorance*,   179

N°. 27. *De la ligue*,   184

N°. 28. *Dialogue entre Henri IV et Sully*,   223

N°. 29. *Théologiens*,   237

N°. 30. *Sur les assignats*,   239

N°. 31. *Adresse à l'assemblée constituante*,   252

N°. 32. *Main-mortables*,   267

N°. 33. *D'un orgueil incommode,* page 270

N°. 34. *De la loi non faite et non moins
   existante,* 273

N°. 35. *Oraison funèbre du clergé de France,*
   285

N°. 36. *Du gouvernement féodal,* 297

N°. 37. *Du titre d'empereur,* 298

N°. 38. *Du dangereux calcul,* 304

N°. 39. *Des loix précises,* 308

N°. 40. *Loi sage chez les Hébreux,* 314

N°. 41. *Rapprochement historique,* 317

N°. 42. *Soulèvement,* 319

N°. 43. *Soldat-citoyen,* 327

N°. 44. *Des Suisses qui se vendent,* 330

N°. 45. *Dialogue entre A et B,* 333

N°. 46. *Dialogue entre C et D,* 346

N°. 47. *Dialogue entre E et F,* 354

N°. 48. *Causes finales,* 359

N°. 49. *Comment le commerce ose-t-il disputer de prééminence avec l'agriculture,*
   366

4   *Table des Numéros.*

N°. 5o. *Passage historique, qui déplaît à Marie-Thérèse,*   page 373

N°. 51. *Le 31 décembre* 1789,   382

Fin de la table du troisième et dernier volume.

www.ingramcontent.com/pod-product-compliance
Lightning Source LLC
Chambersburg PA
CBHW072013270326
41928CB00009B/1638